U0520419

优秀的人
比你更有方向

深圳海归的
N种奋斗方式

安妮 / 著

南方日报出版社
NANFANG DAILY PRESS
中国·广州

图书在版编目（CIP）数据

优秀的人比你更有方向：深圳海归的N种奋斗方式 / 安妮著. —广州：南方日报出版社，2023.7

ISBN 978-7-5491-2716-0

Ⅰ. ①优… Ⅱ. ①安… Ⅲ. ①留学生－访问记－深圳－现代 Ⅳ. ①K820.7

中国国家版本馆CIP数据核字（2023）第103660号

YOUXIU DE REN BINI GENGYOU FANGXIANG SHENZHEN HAIGUI DE N ZHONG FENDOU FANGSHI

优秀的人比你更有方向：深圳海归的N种奋斗方式

著　　者：	安　妮
出版发行：	南方日报出版社
地　　址：	广州市广州大道中289号
出 版 人：	周山丹
责任编辑：	曹　星　黄敏虹
装帧设计：	邓晓童
责任校对：	朱晓娟
责任技编：	王　兰
经　　销：	全国新华书店
印　　刷：	广州市新怡印务股份有限公司
开　　本：	889 mm×1194 mm　1/16
印　　张：	12.75
字　　数：	155千字
版　　次：	2023年7月第1版
印　　次：	2023年7月第1次印刷
定　　价：	50.00元

投稿热线：（020）87360640　　读者热线：（020）87363865
发现印装质量问题，影响阅读，请与承印厂联系调换

序一

向光而行，向梦想靠近

陈文定

决定我们成为谁的，究竟是出身，还是选择？

当还在起跑线时，你可能已经落后太多，但是，你还有机会，因为你还可以选择勤奋。

但是，世界上最可怕的不是优秀的人比你更努力，而是优秀的人比你更有方向。比如这本书中，这群历练过后归来深圳的海归。

你终于有机会看到，优秀的人究竟选择了哪些方向在奋斗。

深圳市海外留学归国人员协会（简称"深圳市海归协会"）秘书长安妮遍采各行各业的海归优秀人才，他们先后出走五大洲留学，又殊途同归，回到深圳，继续着各种传奇。

这是一本关于深圳海归群体的真实画像，是关于海归群体创业、奋斗、崛起、圆梦的经验累积，更是高潮迭起"大珠小珠落玉盘"的励志组曲。

他们远走他乡，经历风浪，最终扎根深圳，把荣光一起带回。但没一个人是轻轻松松实现梦想的。

他们面对挫折，总有办法往前走，其背后的逻辑值得探究。或许是因为他们的眼界学识比常人更高更远更深，不得不承认，任何时候，都是行过更多路的人占优势。

他们是追光一族，或为继承家族荣光，或为爱，或为自由。他们不是单纯去追求幸福，而是去幸福地追求。

但他们却是孤独的，比常人更能忍受孤独。一颗"平庸"的灵魂，并无值得别人理解的内涵，因此也不会感到真正的孤独。海归一族，他们看似热烈，背后却都隐藏着不可名状的孤独。而这种孤独更能让人向光而行，向梦想靠近。

文化属性造就人才，强势文化造就强势的人，弱势文化造就弱势的人。是什么文化造就这样一群不屈的海归？背后的动因绝对值得深思。

人生是一场漫长的游戏，在你的梦想即将破碎时也正是发生转机的那一刻。只有那些在最艰难的时刻仍然选择正确的路、逆流而上的"玩家"，才能明白这场生命游戏赋予我们每个角色独一无二的终极意义——成为一个出众之人。而那些一味放纵自己的人，只能出局。这本书里，大部分人也都经历了挫折，但仍然选择正确的路，成为逆流而上之人。

顺势而为，逆流而上，这或许是海归们的人生教会我们的。

没有盐断不了的生，没有酱浸不透的菜。人也一样，用优秀的盐、奋斗的酱，以深圳海归的N种奋斗方式，去浸透脾气秉性，你的人生一定大为不同。

（作者为南方都市报社总经理、广东南方民间智库理事长）

序二

看见海归的人生精彩

杨鹏

我和安妮是中学时期的同学。在读书时代，她就是那种校园里活跃在学生会和颁奖台上的人物，是具备威信的班长和学生会干部，也是颜值在线的学霸，从校园时代开始就是流量"网红"。

"海归"是海外留学归国人员的简称。2009年我创办大中华新海归协会后，陆续聘用过几任副秘书长，安妮是从2011年开始到现在任期最长的一位。其实，选秘书长就和企业选总经理是同样的道理，关系到协会的运营和发展，不同的是企业服务的是客户，而协会坚持服务的是一个群体——海归留学生。这其中更看重秘书长任职人员对这个服务性商协会的坚持和热情。在我看来，并不是所有人都适合做商协会工作，因为这类工作从一开始就不是盈利性服务，利他主义是从事商协会工作的首要条件。

2011年，我花了近10个月的时间不断游说，将她从平安集团挖到刚起步的海归协会做副秘书长。在物质快速发展的年头，要说服自己从待遇优渥的大企业转去下海打拼，这不是每个人都能作出的决定。而最后我和安妮说了一句："我想做一个专门服务海归的平台，未来深圳甚至是全国的海归都可以在这里找到工作、找到目标、找到人生伙伴；我要做的不是服务某几个人，而是服务一个群体，让他们更好地展现自我、回馈社会。"冲着这个愿景，她相信了我！

从2011年到现在，从大中华新海归协会到深圳市海归协会，我们已经走过十多年，从最初创始成员50人，到现在正式会员人数超过1000人，还有"我是海归网"的线上人数辐射全国超过30万，每年举办超过600场活动……如果没有成人达己的精神，协会不会走得远。我非常感谢这十多年来安妮秘书长的付出和她对秘书处团队的带领。

想服务好海归群体就需要了解和满足海归人群各方面的需求，包括创业、就业、社交联谊、生活、政策解读、公益慈善……这十多年来，我和安妮在这个平台上也认识了非常多的好朋友，他们中的很多人都是非常优秀的海归代表。而安妮做了一件非常有意义的事，就是集合这些优秀海归的故事写了这本书。这十几年来随着国家快速发展、国家实力逐渐增强，越来越多的海外留学人才回国创业就业。海归这个小众群体越来越感受到党和政府给予他们回国发展的支持！深圳市海归协会集聚了一群有为的海归青年，如今安妮通过采访实录的方式将他们的故事、心声、生活记录下来，这对海归青年的发展非常具有启发性意义，可以让更多的人关注海归，听到海归的声音，了解海归的故事。

行动力是安妮的标志性特点！安妮说一不二，说干就干！书中有些人物是我和安妮共同的朋友，他们都是真实的海归人物。孟秋是2022年正式加入协会核心班子的成员，在安妮的书里，我读到了这个年轻有为的斯坦福大学计算机博士的真性情；还有协会的副会长，卖房都要创业的靖靖；执着把棒球兴趣变成棒球事业的崔迪凡；还有一直保持初心的QQ音乐签约海归艺人嘉俐……

这些人物我都很熟悉，而这本书把他们的外在标签抛开，把他们的过往人生和信念展现出来，让我看到了我们这一代海归的真实写照。在这个时代，我们可以葆有梦想，可以坚持初心，可以高声表达，可以有机会成为那个想成为的自己。22岁毕业回国后，我就开始计划海归服务这一工作了。从海归回国找资源、找圈子、交朋友，到创业、找工作……我都希望能够通过一个平台服务和满足海归的回国需求，同时最大限度地发挥平台的社会价值。据统计，深圳已经累计引入留学人员超过19万人。这个被称之为"海归"的小众群体逐渐壮大，无论是回国就业还是回国创业，都正以自己的能力结合海外求学所获得的知识和技能，在实现自己理想的过程中报效国家。如今海归早已不是几十年前人们口中的"稀缺人群"，而是新时代建设者的一员，以更广阔的眼界和更扎实的努力在追梦路上奔跑，而承载服务海归人群理念的平台也将在更大的舞台上作出更多的贡献。

到现在，我和安妮在海归协会已经服务十几年。未来，相信将有更多的海归加入这个平台，并将有更多的海归精彩可以续写。非常感谢安妮能把海归的故事记录下来，让社会上更多的人从这里开始了解海归。在书里，或许你可以汲取养分、吸收正能量，或许你能找到自己的影子，或许你能看到不一样的人生精彩……但无论如何，故事是别人的，人生是自己的，希望书里面的海归故事可以带给你们更多的信心和希望，激励自己书写更精彩的人生故事！

（作者系第三届全国侨联青委会副会长、深圳市政协委员、深圳市侨联兼职副主席、深圳市海归协会创始会长）

目录 CONTENTS

第一章
绝地求生 / 001

002　哈佛女孩也曾焦虑
　　　触底反弹绝地求生

008　卖了房子杠上美育行业
　　　女强人找自己的麻烦，写自己的人生

015　家境优渥却走上"劳其筋骨、穷文富武"之路
　　　一身傲骨如何成为李小龙先生般的存在

025　自己选的路，跪着也要走完
　　　历经坎坷获数十项国内外专利

031　从辍学的"学渣"到人生赢家
　　　帅气海归转变只因南柯一梦？

037　经常能见费德勒，偶尔见见张学友
　　　这个海归为什么四肢发达头脑不简单

044　五"独"俱全棒球小子
　　　自己阳光，走到哪里都闪闪发光

第二章
逆袭人生 / 051

052 当得了职场白领,救得了濒危鳄鱼
　　 海归学霸的非凡大爱

058 博士被吓出一身冷汗
　　 他怎样做到临风不乱

064 倾听所有人的声音
　　 勇敢做自己的决定

070 拥有持续学习力,音乐赋予生命力
　　 从艺人到合伙人,美女海归只是幸运?

077 学到德国人的固执和严谨
　　 "男神"宁愿损失百万,也不让化妆品牌掉价

第三章
顺利归来 / 083

084 央企通信行业一干十年
　　 因为疫情找到工作成就感

090 从艺术家到企业家,音乐天才诠释
　　 比你勤奋的人还更有方向

097 创业奉献无限,吃喝玩乐有度
　　 可怕的不是老总的优秀,而是理性

103 二十年一觉电影梦
　　 湾区青年造梦之旅

109 生命的美妙，往往在于出其不意
　　 想在美术史中留下名字的画廊主

115 真正的时间管理大师来了
　　 "不要去追求幸福，而要去幸福地追求"

第四章
进击不断 / 121

122 德国留学八年，他变得超级会解决问题
　　 有实力单打独斗，但劝你抱团取暖

129 深圳海归航海俱乐部"头牌"
　　 别怕即将结束，该担心永远不曾真正开始

135 城市海外人才整体运营商
　　 "深二代"这家店屹立不倒诀窍在哪

141 伸手不见五指却戴墨镜
　　 玩私人专机的他不只会"装"

147 海归追寻做自己
　　 款款独行，我做自己

155 国瓷传承人心系员工
　　 疫情暴发，他的公司坚决不裁员

161　扎根潮牌，帅哥长得帅活得帅
　　　人被淘汰只因跟不上时代

167　对宏观的斗转星移充满好奇
　　　做微观的生物科技脚踏实地

174　大厂腾讯"女主"，一路开挂不躺平
　　　好运气是策划出来的？

180　留美十年，毅然奔赴大湾区
　　　为心脑血管精准诊疗提供最优解

186　哈佛神学院硕士
　　　最后缘何信了儒

第一章
绝地求生

哈佛女孩也曾焦虑　触底反弹绝地求生

奋斗方向：练就超强修复能力
奋斗档案：曾敏敏
专业领域：教育科技
求学背景：中山大学→哈佛大学→香港大学
归国时间：2009年

履历简介：2007年加入香港瑞士银行（UBS），先后在中国香港以及新加坡和瑞士工作，从事资产管理投资工作。2009年创立华英教育（2020年更名为深圳市敏思跃动科技有限公司），2021年创立弘业家族教育，一直深耕国际教育和科技领域。曾任深圳市第六届人大代表，并在哈佛大学和耶鲁大学捐赠了共3项奖学金，著有《十年：一个哈佛女孩的故事》及《女性的力量：从哈佛到商界，我的十年创业史》。

做自己人生的主人

世界上有一种女生真的不会老，那就是，有脑子的女生。没脑子的女生，就算样子再美，也会让人生慢慢走样。而有脑子的女生就不一样了，她们保养的不是脸，而是人生状态。敏敏就是我朋友圈中人生状态保养得最好的女生。

敏敏是妥妥的"深二代"。她毕业于美国哈佛大学，我对她的了解就是，凡是有人想去读英美名校，那就找敏敏。她的履历非常漂亮，曾被邀请在美国中学年会上演讲，在美国名校圈也算是风云人物；哈佛还成立了敏敏奖学金，帮助更多的学生完成求学的梦想。敏敏告诉我，在哈佛大学奖学金晚宴上，她作为唯一的中国人，经常被误认为是韩国或者日本学生。可是，她每次都会自豪地告诉别人：我是中国人。每一次参加这样的活动，她都会有非常强的民族自豪感，因为敏敏是代表中国人走向世界的舞台，告诉其他人真正的中国是怎么样的。也许正因为敏敏的自信和自豪，她收获了认可和尊重。

敏敏人生中的每一个重要决定，几乎都是自己做的，包括读什么学校、是否要出国留学等。上大学时有保送清华的机会，可是她的梦想是去北大，于是毅然放弃清华。很可惜，敏敏落榜北大，最后去了中山大学。在中大发奋图强的她有了新目标：要出国留学，要去全球顶级名校——哈佛大学。

本来以为，毕业于哈佛，在美国找一份稳定的工作，就可以安心待下去，可是敏敏又做了另外一个选择，那就是回国。回国后敏敏到深圳大学当老师，但在那里工作并不是特别开心。作为自己人生的主人，她开始规划未来的人生路径。这里的生活不是我想要的，那我就规划一条想要的路。于是她开始寻求解决方案，是去美国还是继续待在中国？是做金融还是其他？她当时很想去香港大学读博士，同时又很想从事与金融相关的领域。于是，通过自己不断的努力，她拿到了香港大学房地产金融博士录取通知书。

敏敏说，当你不断地为自己的人生找出路的时候，上天也会眷顾你，会给你打开很多扇窗。她在港大读博的时候，瑞士银行进行全球招聘，一共招聘30人，候选人却有3000人。敏敏以考试第一的成绩脱颖而出。而同时，她又是唯一一个没有金融背景的人。之后她被派去了新加坡和瑞士工作，几年的时间里，她的眼界彻底打开，看到了不一样的世界。

敏敏说，在大企业，一定要把自己的心态摆正，千万不要把自己当回事。以前在学校的时候，大家可能会务虚和讲情怀，可是到了这里，比拼的是结果和业绩，其他都是假的，只有KPI（关键业绩指标）是真的。高强度的工作对敏敏的帮助非常大，也为她未来创业奠定了基础。在瑞士银行工作时，她经常接触各式各样的企业家，也见证过客户高光时刻或低谷时期，甚至看过他们破产。见证别人的成长与变化，对自己来说，也是很好的历练。

所有的这些，对于敏敏来说，都只是人生精彩的开始。她人生真正的挑战，是从创业开始的。

有人说，现代人有四大遗憾：不会选择、不断地选择、不坚持自己的选择，以及不为自己的选择负责任。而这四大遗憾，在敏敏身上都没有看到。虽然她也曾做过错误的决定，但正因为那些错误，她才变得更强大更有竞争力，这何尝不是一种正确。人生没有一帆风顺，我们走过的每一步路，都算数。

曾经有人提问：什么是好的生命？我想就是像敏敏这样的人生状态：有事做，有人爱，有问题可想，有选择的自由。而最重要的是，要有敢于选择的心。

超强自我复原力

为什么有些人明明受过伤，脸上却没有苦相？那是因为这些人拥有对生活触底反弹的心理复原力。敏敏是我见过的人中心理复原力最强的人。

面对困难，抱怨还是行动，是区分平庸和优秀的分水岭。现在的敏敏，哈佛毕业，优雅，知性，在全球的名校圈都小有名望。可是曾经的她也经历过人生低谷。这个低谷不是事业的低谷，而是情绪的低谷。2020年底，由于疫情的影响，加上父亲生病，敏敏精神上备受煎熬。她突然变得很焦虑，经常在半夜惊醒，然后无法入睡，在洗手间看着太阳徐徐升起。她没办法自己一个人待着，她焦虑、迷茫。但凡自己一个人待着，她就感觉阵阵寒意从脊梁骨升起。她回忆说，当时那种感觉太可怕了。

敏敏开始接受心理咨询，后来又开始吃安眠药，但这也只是让她从每天只能睡一个小时到终于能睡四个小时。有一天敏敏看着长长的安眠药说明书，好奇为什么这么小的药片有这么长的介绍。她一个字一个字地读，突然发现安眠药的说明书里药物70%都是副作用。那一刻她意识到不能再依赖药物，她要走出来，她开始寻找办法。

她知道，没有解决不了的问题，只有自暴自弃的心。

我问她："那后来你是怎么解决的？"

"我找到了三个方案。"敏敏说。

"第一，认识更多新的朋友。以前的我就是一个工作狂，我永远都在工作，我没有社交圈。后来发现，当我认识新朋友的时候，我会不断地讲话，这会让我从情绪里面走出来。在结交新朋友的过程中，我竟然发现，他们很多人都认识我，原来我还挺有名的。这也给了我极大的鼓励和安慰。第二，我开始跳舞。跳舞和健身不一样，跳舞需要记住每一个动作。我发现我在跳舞的那一个小时中，特别快乐，特别放松。所以我爱上了跳舞，并且坚持跳舞。第三，高强度地学习新知识。我报了线上课程，管理与运营、前沿技术、科学、编程、区块链、艺术、人文、计算机等。我能够在一星期上完别人三个月才能上完的课。我用一年的时间完成了别人十年的课程。当我沉浸在新的知识里，我发现我能睡着了。

"另外，这些新知识也给了我好多启发。我在2021年启动了数字化，开始思考怎样将它跟科技结合。我做了大量的科技的探索，我相信技术可以改变人类。我希望用教育科技去赋能我的教育事业。比如，我以前公司名叫做华英教育，顾名思义是想培养未来的中华精英。可是公司名字现在改成了敏思跃动，英文就是Think smart, act fast。我希望打造一个全新的、结合科技的国际教育生态。"

"那你从焦虑的状态中走出来，一共花了多少时间？"我很好奇。

"一个月。"她自信满满地回答我。

敏敏说她不是一个很快乐的人，但她是一个很坚强的人，是一个心理复原力很强的坚强的人。

自我节制比自我放纵更加自由

富兰克林有一段话："我未曾见过一个早起勤奋、谨慎诚实的人抱怨命运不好；良好的品格、优良的习惯和坚强的意志，是不会被假设所谓的命运击败的。"

敏敏是一个非常自由的人，比如说，她的生命中没有应酬。其实能做到不接受任何应酬的状态，也是非常难的。我看到了她的自我节制和自律。在自我节制的过程中，她会有一种自我主宰的快感。体现的是自我节制的力量。

自由是戴着枷锁在跳舞，自由不是想做什么就做什么，而是不想做什么的时候，就可以不做。敏敏说，无意义的社交，不如高质量的独处。

为了保持体型，敏敏吃东西也很克制。她每天早晨称体重，每天都会控制饮食，慢慢地让自己的体重达到理想的状态。但是她不会不吃东西，她说，美食当前，什么也不吃，那是一种"罪过"。只是，可以少吃。在变美变瘦的路上，敏敏一直在努力。所以现在的她，看起来还像刚大学毕业一样，身材纤细，气质优雅。

她很享受孤独，喜欢读书，喜欢跳舞，喜欢运动。或许在热闹中失去的，都能在孤独中找回来。现在的敏敏，身材保持得和二十几岁时一样，她告诉我，自己每天都会保持运动。这个习惯坚持了很多年。哪怕是出差，她从早上八点开会开到晚上十点，健身房也关门了，但她回到房间以后，也会把浴室毛巾铺在地上，开始运动。任何事情都不能打断她运动的习惯。

时间永远不会辜负努力生活的人。不要相信在这个世界上，有什么慵懒的自由。所有你向往的美好的事情，无论是优秀的成绩、过人的智慧，还是完美的身材、好的皮肤，一定是通过努力和行动得来的。想变优秀就只有两个办法，要么做梦，要么行动。无他！

气质，就是灵魂深处对美的野心。不仅仅是外表美，更要有认知美。气质背后，她读了很多书，见了很多世面，经历了很多人生。其实，美貌和气质从来只属于肯认真对待自己的人。

敏敏就是这样一位兼具美貌和气质的女性！

卖了房子杠上美育行业
女强人找自己的麻烦，写自己的人生

奋斗方向：执着于创业大方向，拥有超能量

奋斗档案：钟靖靖

年　　龄：44岁

专业领域：少儿美术教育

求学背景：深圳大学（经济学金贸系）→新加坡管理发展学院（工商管理）→英国伯恩茅斯大学（学士）→英国苏格兰格拉斯哥卡里多尼亚大学（MBA硕士）→西班牙巴塞罗那自治大学&EINA设计与艺术学院（硕士）

归国时间：2003年

履历简介：归国后创立深圳多林实业有限公司并任董事长兼CEO；2013年，与伙伴共同创立深圳市多多文化发展有限公司并任董事长，从事少儿美术教育。曾任深圳市海归协会第一届理事会副会长、深圳大学管理学院创业导师、全国美育行业创始人私董会理事会成员、CCAE中国少儿美育联盟深圳分会主席等职。曾获深圳教育2017年十大年度人物、2018年度深圳教育"金树奖"、2019年度凤凰卫视·华人教育领军人物、2021年度新时代"深圳百名创新奋斗者"等殊荣。

在我印象中，靖靖就像一只蝴蝶，一只打了鸡血不怕累的蝴蝶，飞来飞去，为了推广她的事业，不辞辛劳。我最佩服她的，不是她的努力，而是她的精力。她是我认识的人中精力最旺盛

的。这种精力旺盛，体现在她对事业的执着，以及对人生的"折腾"。她还是一个能量很大的人，不但自己能量大，还喜欢把能量分享给别人。她说，一个人有了能量，并不是要满足私欲，而是为了承担更多的社会使命。她就是一个有社会使命感的人。

2019年去泰国出差，我和靖靖结伴而行。我们都是深圳海归协会的嘉宾代表，同住一间房。正是这一次出差，才让我更加了解她。

记得在我们参加完活动的那个晚上，靖靖说："安妮，我不想睡觉，陪我去喝一杯好吗？"于是，我俩就来到酒店大堂，听着菲律宾乐队唱着悦耳的歌，每人喝了几杯鸡尾酒。当我正沉浸在酒香的美妙中时，突然，她哭了，哭得很伤心，哭得像个受伤的孩子。

我有些不知所措："发生什么了？"

靖靖说："为什么？为什么每次多多熊（其公司的美育品牌）遇到问题，帮助我的人都是我妈！为什么我创业那么辛苦？我到底错在哪里……"

这是我第一次看到她哭。在我的印象中，她是个绝不会哭的人。

我安慰了她许久。后来才知道，她把自己的最后一套房也抵押了，抵押了一千万，又投到了多多熊。她说，从泰国回到家，她又求助于最爱她的母亲。那是一个安静的夜晚，晚餐后，她来到父母的厨房，看着正在忙碌的母亲说："妈，多多熊没钱了，需要资金。"妈妈说："我已经没钱给你了。"她不依不饶："妈，我还有一套房在你的名下，你帮我抵押贷款一千万吧，我要投到多多熊。"妈妈当然不同意。妈妈知道这些年靖靖创业非常艰辛，也知道她为多多熊几乎付出了全部。妈妈希望保全她最后的一些资产。可是，靖靖却信誓旦旦地说："多多熊在我在，

第一章 绝地求生

多多熊亡我亡。"

靖靖有一个伟大的妈妈。她妈妈也是一位非常卓越的女性，她知道经营企业的艰辛。最终，妈妈还是妥协了，因为她了解自己的女儿——她爱折腾，她倔犟，她孤注一掷；她选的这条路，没有退路。

靖靖的故事，是不是让你很感慨？她就是这样一个爱折腾、撞了南墙也不回头的人。本来她可以不用这么辛苦，本来她可以过得很舒适。靖靖刚大学毕业时，通过国际贸易赚了几桶金，之后又不断买房，不断投资。等她创立多多熊的时候，即使什么都不做，这一辈子也衣食无忧。可是为了梦想，为了创业，为了她心爱的多多熊，她把全部的房产或卖了，或抵押了，陆陆续续一共投了五千万到她热爱的美育事业。她本来可以轻松自在、衣食无忧，可是她偏偏选择了一条最难走的路。

靖靖告诉我，她就爱给自己"找麻烦"。麻烦是自找的，人生却是自己书写的。她说，多多熊好几次面临破产清算，她都是几乎靠一己之力挺了下来。在这过程中，她最感谢的人，是她的父母。她也要感谢合伙人，感谢支持她的朋友们，感谢一切帮助她和爱她的人。

她依旧改不掉爱折腾的性格，最近，又开始折腾起其他项目。她说，不苦不累，生活无味；不拼不搏，人生白活。

我问她："你投了五千万到多多熊，可是到现在还没有赚回来。你后悔吗？"

她低下头，沉思了片刻，回答我："我后悔了。可是我并不是后悔创立了多多熊。我后悔自己没有好好规划和利用这些钱。我后悔以前的自己认知不够，做了一些错误的决定，导致现在如此被动。但是，我从来不后悔成立多多熊。我也不后悔卖了房子，因为房子是没有生命力的，而多多熊就像是我的孩子一样，她有灵魂和生命力。"

这，就是钟靖靖。一次偶然的机会，她创立了多多熊美育品牌。多多熊在她的带领下，目前在全国开了两百多家店铺，已经成为中国少儿美术教育领域非常有影响力的品牌。

卖了十套房，创业近十年，至今还没有回本，甚至还不知道何时回本，说没有压力、不焦虑，那肯定是骗人的。但即使再难，靖靖的脸上依旧常常挂着灿烂的笑容。纵使知道前路坎坷，她依然开朗、自信、乐观、坚强。

我问她："你觉得这五千万什么时候能赚回来？"

她说："2024年。快了！"

什么叫作底气？就是可以从容地失去。我在她脸上，看到了底气。

我想，如果是我，卖了十套房，连最后一套房也抵押了，投了五千万创立一家企业，现在还没有回本，我一定会被焦虑和恐慌打败。可是，靖靖不但没有被打败，反而越挫越勇。或许，打败你的不是暴风雨，而是暴风雨带来的恐慌和混乱。虽然她也会恐慌也会混乱，但是她总是能以最快的速度调整自己，让自己恢复到最佳状态，继续投入到她热爱的工作中。

梦想是最伟大的爆款

我问靖靖，为什么会想做少儿美术教育，并且在十年前就启动了这个项目，这是非常超前的一件事。靖靖说，早在2011年，她就跟她父亲说，她要做美育。父亲非常不支持。那时候比较流行的是学科培训，美育？听都没听过。

父母不支持，也不能影响她的决心。她说，未来世界是人工智能的世界，只有三样东西，无法被机器人取代——创造力、同理心和审美力，而美育就是审美力。

第一章　绝地求生

不管父亲如何反对，她还是坚持自己的选择。靖靖和父亲打赌，早晚有一天，美育会在社会普及。这一天并没有让她等很久。2020年10月，国家印发《关于全面加强和改进新时代学校美育工作的意见》，开始大幅度推广和普及美育。2021年实行"双减"，靖靖开心地告诉父亲："爸，你看我预测得对吧！我早就说过，我做的是一份很伟大的事业。"

从那以后，父亲再也没有反对过她。

从2019年到现在又过了三年，靖靖告诉我，多多熊终于扭亏为盈了。在经历了各种打击、磨难、困难与痛苦之后，多多熊终于扭转局面，触底反弹，虽然还没有达到靖靖的预期，但是靖靖说，她很欣慰，因为多多熊正在朝着她理想中的方向，一步一步走近。所以，她的坚持是对的，她的坚持也让她离梦想越来越近。

靖靖一直坚守自己的梦想。很多东西，只要你敢想，只要你敢去做，只要你跨出了那一步，你就离梦想更近了一步。现代社会有各种爆款，爆款服装、爆款包包、爆款手机。可是，在靖靖身上，我看到的是：梦想，才是最大的爆款。

安全感永远是自己给的

靖靖离婚了，带着两个孩子。结束上一段婚姻，虽然有不舍，但是他们能更好地面对自己；虽然不能长相厮守，但是却能一别两宽。靖靖说，结束的婚姻并不意味着失败的婚姻，结束是为了更好地开始，也是为了彼此能更好地成全。然而，在不需要去处理纠结的家庭关系后，靖靖更加轻松了。我看到她脸上的欢喜是发自内心的欢喜，不虚伪，不违和。

我说："你就不想找个伴侣陪着你吗？你不会没有安全感吗？"

她说："我就是自己的安全感。"

的确，她有能力，事业蒸蒸日上；她坚韧，遇到困难从不服输。她的安全感来自她强大的内心。

除了强大的内心，靖靖的胆子也很大。她外形美丽，温婉知性，却有一颗"女汉子"灵魂。记得有一年我们一起去旅游，当时我们二十多个海归入住一家山林中的酒店，由于很多人喜欢独立的空间，于是每个人一间单人房。

那天晚上，天黑漆漆的，山林幽深，我还依稀听见了山上奇怪的动物叫声。我很是害怕，睡不着，于是在群里问："请问大家有听到山上奇怪的声音吗？"

还没人回复，我的门外就传来"咚咚咚"一阵急促的敲门声。我打开门，靖靖穿着睡衣，站在我门口："我知道你害怕，特意来陪你。不用怕，我保护你。"

那一刻，我特别感动。靖靖不但是一个好闺蜜，还是我当时的精神支柱。

那天晚上，靖靖和我聊了很久，聊了她以前的故事、失败的婚姻、踩过的坑。别人都是恨不得不要提及自己不好的往事。靖靖不一样，她生怕我不知道，还要给我说两遍。她说，即使生活千疮百孔，她也要活得如日中天。

其实我知道，她一定有很多的委屈、遗憾、难过和失望，只是，她自己默默地把这所有的情绪消化。她说，安全感永远是自己给自己的，别人给不了你。她还说："安妮，如果以后只有你自己一个人了，不要怕，还有我。"

靖靖就是这样一个直爽、乐观、上进和真性情的人。她教会了我什么是真正的安全感——在这危机四伏的世界里，要活得积极向上、乐观勇敢。

其实，女人这辈子，最大的靠山，是自己。

人生这条路，纵然一时觅得捷径，也可能崎岖难行。而一个内心强大的人，即使历经磨难依然奋力向上生长，纵然带着满身伤痕，也把委屈和痛苦不动声色地转化成勇气和智慧。这样的人，内心有着自信和安全感，所向披靡。

显然，靖靖就是这样的人。我们一起去过很多地方——2017年走了戈壁；2018年去了西班牙、葡萄牙；2019年去了泰国，还去了新疆……未来我们还要携手去更多的地方。我十分珍惜这个可爱的朋友。她的人生本来可以十分安逸，可她却选择了奋斗。她说，只有安稳没有惊喜的人生，不是她想要的人生。她宁可一无所有，也要自己去创造自己的生活——这就是我最爱的闺蜜、多多熊美育品牌的创始人，钟靖靖。

在人生这条路上，容易的事情大多数都是陷阱。捷径是这个世界上最难走的路。而可惜的是，很多人只有掉进坑里才能恍然大悟，才能够明白，靠自己才是最靠谱的。

家境优渥却走上"劳其筋骨、穷文富武"之路
一身傲骨如何成为李小龙先生般的存在

奋斗方向：拿得一手好牌，却有着拼死不服输之精神

奋斗档案：高烁祎

年　　龄：28岁

专业领域：中国传统文化、咏春、格斗、武学、连山易、影视、自媒体、动作指导、钢琴

求学背景：加拿大温哥华温斯顿·丘吉尔爵士中学→ 英属哥伦比亚大学→北京电影学院

归国时间：2012年

履历简介：叶问第三代嫡系传人，2007年开始研习咏春，从2008年开始教授咏春至今，同时研习形意、太极、八卦、Krav Maga、古泰拳、MMA、拳击、Kali、Silat、居合道等多种多国传统及现代武学，为佛山精武体育会、佛山咏春总会认证的最年轻九段资格获得者，为广东省级非物质文化遗产继承人、南山区咏春非遗传承人、深圳市武协先进工作者。2021年荣获深圳首届"五四"优秀青年称号，并担任深圳市青联委员、深圳市海归协会副会长，以及一如堂大师兄（2018年至今）。2022年任动作指导的舞剧《咏春》正式上演，并登上Bilibili的跨年晚会舞台。

在沉默中爆发

烁祎的出身"配置很高"，不但家庭背景好、外表佳，还拥有较好的资源。初见他，我就被他的"高配"出场所惊艳。

第一章　绝地求生

一次，我接到一个朋友的电话，说想推荐一个海归给我，加入我们协会，于是约了一个饭局。等我来到这个饭局，才发现这是一次规格很高的宴请。首先，我被邀请去的这家餐厅，位于他们自己家族企业的大楼。其次，接待我们的人，是企业集团的股东和总裁。

正在我疑惑时，只见房间里进来一个年轻小伙。他打扮很朴素，散发着正派、沉稳和阳光的气质。朋友说，这就是今天要介绍给你们认识的加拿大94年的小海归，高烁袀。他也是这家老牌上市公司的后辈之一。

"请秘书长多多关照。"烁袀很礼貌。见到这么高规格的出场，我本以为他应该是一个纨绔子弟、一个被宠坏的富二代。可是，他的言谈举止，却处处透露着谦和及尊敬。随后我得知他是叶问第三代传承人，从小习武。这倒出乎我的意料：还以为只是一个被教育得很好的富二代，怎么会和武术扯上关系。

2021年我生日时，烁袀也来参加了。在生日会上，大家都表达了对我的祝福。只见烁袀缓缓地走上舞台，径直坐到钢琴旁边，弹了一首曲子，并对我说："这首歌献给安妮姐，祝安妮姐生日快乐。"在场的小伙伴都惊呆了，他不是个富二代、是叶问第三代传承人吗，怎么还是一位如此优秀的钢琴家。这演奏，真是行云流水。

本感觉老天爷似乎对这个男孩，很偏爱。

但在后来进一步地了解烁袀以后，才得知实则不然。

烁袀告诉我，他弹琴确实很有天赋，而也正是这天赋，差一点彻底"毁灭"他。

烁袀在9岁的时候，就展现了过人的钢琴天赋，初练琴时半年便通过五级。于是钢琴老师对烁袀父母做起了思想工作：这孩子有希望成为第二个郎朗啊，你们最好从现在起走专业路线。之后父母便脑子一热逼炼袇彻底辍学，一天12个小时闭关训练，不得出门，不得接触任何同龄人，不得拥有任何自由和爱好，希望能培养出下一个钢琴天才。这一关便是三年，他每天在家练琴，甚至练到指尖起茧开裂出血，也不被允许停下。当时的炼袇只有9岁，还是一个孩童，在需要正常接触同龄人和健康成长的时期，大部分时候经历最多的却是一天五个老师一对一的鞭策，与世界和同龄人的全面隔离。身体以及精神健康的双重匮乏，最终使他患上重度失眠，每天只能拥有两小时的睡眠。他的内心异常抗拒这样的日子，一个9—11岁的孩子，需要的是健康的成长环境、同伴、运动，好好地正常生活，可是炼袇每天面对的却是钢琴老师的无尽鞭策和黑白键。这对任何孩子来说，无疑都是异常黑暗且折磨的三年。

终于，炼袇因为重度失眠以及精神的抑郁，身体也出现了问题。最严重的时候，由于精神过度压抑负面，炼袇发高烧烧了一个多月，怎么也无法退烧，从西医到中医名医，都无法治愈。直到后来一位医生观察到，这个孩子的精神和心理太压抑了，这可能是病的成因，建议先停止训练，否则他的病只会更加严重甚至很快危及生命。父母听到这里，才最终同意了终止专业钢琴的道路，让炼袇重返校园。

三年没有与人交流，甚至基本都没有见过阳光，他能返回学校吗？能步入正轨吗？回到学校，三年的休学让炼袇完全跟不上教学进度，加上三年来没有接触过什么人，他变得非常孤僻、冷漠、怪异，在学校里被同学当作异类，被歧视、欺负、孤立逐渐成了常态。但他多年来一直压抑，心中有积怨，同学欺负他，他亦会全力还击。哪怕三年没有过任何运动锻炼的他经常被打得遍体鳞伤，也从不示弱退缩。

面对压迫，暴力之下，如不屈服，便会升华。炼袇开始意识到，一定要让自己变得强壮。只有让自己变强大，才能保护自己，甚至保护其他被霸凌的人。

于是12岁的他，重新激发了从小就萌生过、却被练琴搁置的武学兴趣。别人习武可能仅仅是为了酷、为了不被欺负，而他习武除了想保护自己，更是希望能把自己的精神寄托于此，由内到外地重新站起来、好起来。曾经被迫走钢琴专业的黑暗经历以及身体病痛和精神压抑的双重折磨，让他有着超越同龄人的超强意志力、忍耐力、毅力和抗压能力。在零零散散地练习了一些现代武种后，通过对武学以及对李小龙先生的研究、溯源，他接触到了咏春，很快他便深深地迷上了这门功夫。练琴和被霸凌时积攒的压抑和积怨变成了力量和驱动他的意志，其他师兄弟一周练习两小时，每天复习一小时，他能一天随师父学习两个小时，回到家还要练习六个小时。对他来说，这些强度和皮外的伤痛比起练琴时的内心和精神折磨显得微不足道。习武不但帮助他释放了内心的压抑以及怨恨，更逐渐重塑了他的生命。

传统武学改变了炼祧，也让他走上了一条完全不一样的命运道路。

或许，你曾经拥有并且想要永远拥有的，总会在不舍与磨难中与你告别；而你以为永远痛失的那些，正在以你不能预判的方式重新归来。

我命由我不由天？

人生，是一场自我重塑和自我领悟，唯有你能救赎你。

小的时候，炼祧对人生失去了任何希望，他整整三年不知道外面的世界是怎么样的，他几乎不再言语，拒绝与任何人、事、物建立链接。直到练习咏春、接触中华传统文化以后，他才真正意识到磨难和痛苦或许是成长更肥沃的养料。而命运的安排和他自己选择的，都不是一条捷径。

随后炜袀的人生路，并没有戏剧化地好起来，等待他的还有更猛烈的狂风骤雨。14岁，炜袀被迫随父母举家移民海外，并就读于加拿大一所"明星中学"——温哥华Sir Winston Churchill Secondary School，很多明星曾在此就读。本来他刚刚重新适应了国内的校园生活，有了些朋友，学业开始跟上，并通过习武重新找回了自己，这是一个很好的新生，这次迁途却成为另外一场噩梦的开始。

在北美，一个中国人，学习成绩再好，或者家庭背景再优越、为人再中正厚道等等，都无法真正赢得外国人打心底的尊重。只有一种情况例外，那便是提及Bruce Lee和Chinese kung fu的时候。每次提到李小龙先生和中国功夫并且展示咏春的时候，全班的同学都不约而同地被吸引，甚至于可以说是被"征服"，态度突然变得友善，并且向他表示尊重、佩服，甚至于崇拜。那一刻炜袀认识到"民族的，才是世界的"这句话里头的大智慧，唯有发扬自己民族的文化，才能在世界上变得举足轻重。

炜袀在深圳的时候就高强度地练习过咏春、泰拳、柔道，并接触学习了形意、太极、八卦，也算是有着不错的功夫底子。于是，每每在黑人同学或白人同学不服气或者前来挑衅时，他和他们过上两招，就能让这些老外膜拜到不行。平时不怎么搭理中国人的外国同学，都会变得格外友好甚至成为他的徒弟，流露出崇拜和崇敬。在他们眼里，一个个头不高的中国人能够打出这样的速度、力量和技巧让他们肃然起敬。有一次，小个子的他和一群高大的黑人、白人同学去到健身房，黑人同学拦住他挑衅并且讥讽，递过了一个他们需要很费力才能二头弯举起的哑铃说道："If you can curl this, I'll let you in the gym."炜袀二话不说轻松前水平平举。逐渐地，炜袀慢慢树立了他在外国同学中的形象：他是一个如同李小龙一般的存在。

炜衫意识到，中国功夫、中华文化，可以让一个华人得到他人的尊敬，这份文化可以让其他民族认识并认可我们中华民族的强大。因此，他下定决心继续潜心研习中国功夫，也坚定了要把武术练到精湛、要把中华传统文化传播给更多人的决心。

随后，他在不断提升自己的功夫水平、不断踢馆找人切磋的日子里逐渐发现，中国功夫不是万能的，它也有漏洞，也有落后于时代的不足之处。于是，炜衫开始学习其他门派，混合格斗MMA、拳击、以色列格斗术、摔跤、泰拳、巴西柔术、居合道、班卡西拉、卡里等等。为了更好地温故而知新，每到寒暑假和春假，他都会坐16个小时飞机回到深圳，跟随咏春恩师梁子权继续学习、深造咏春，并且分享自己在国外的所见所学，希望能融会贯通、中西合璧，让他的武术造诣更上一层楼。

通过一如既往一天6小时的练习，一年后，炜衫在加拿大的中学和一些当地武馆里几乎没有对手了。他也成为学校赫赫有名的人物。大家都很尊重他，很多外国人，甚至他的邻居和当地的小混混都跑来拜他为师，跟随他了解、学习传统中国功夫中的哲理、儒家精神和道家思想。就这样，他从授大课开始，到一对一授课，至今已教授了2000多名学员、学徒、门徒，影响人群地区涵盖意大利、美国、加拿大、英国、菲律宾、越南、韩国、日本以及中国香港、中国台湾等。这些学生当中，最小的14岁，最大的60多岁，而他开始教课时也仅有14岁。炜衫不仅仅传递了中国功夫的火种，更把中国的传统文化根植到了他的学员弟子们心中。

在不断授课和练习中又度过了一年多后，炜衫觉得，自己或许已达到很顶尖的水平了。于是在一个同武馆练拳的退役俄罗斯老兵的介绍下，他到了一个操办半职业拳赛的拳馆，想要进一步证明自己。本来信誓旦旦认为自己能够大杀四方，结果，他在半职业的比赛中连输33场。其中输得最惨的一次，是被一个缅甸拳手一个低鞭腿当场导致膝盖骨裂，不得不休养了近三个月。

烁衿进一步意识到，功夫和技巧不是万能的，在擂台之中他缺乏的，是更强的力量、反应、体能、心态和对规则的研究适应，他还时常因为比赛的重量级分配被别人占了优势。好在烁衿当时年轻，所以他具有更快增肌和训练提升的潜力和优势。他开始苦练以弥补自己的体能，增加体重、力量，让自己变得更加强壮。他的内心仍然燃烧着那一份傲骨，他希望能以一个亚洲面孔、作为一个中国人，再次让这些老外刮目相看。

在随后大半年不间断的职业训练后，烁衿在拳馆里终于斩获了第一次胜利，并且在几个专业拳手教练朋友的帮助下最大程度避免了重伤，在半年内取得了14连胜，作为少有的亚洲选手以及唯一的中国选手。

15连胜，是当时烁衿在这家半地下拳场的里程碑战绩，比赛创办至今，从没有一个亚洲人达成过，而烁衿迎来了属于他自己人生、属于一个民族的"赛点"。如果拿下第15局，他将会是拳馆创办30多年来唯一一拿到此成绩的亚洲人，也会是得到15连胜纪录最年轻的拳手。第15场，由于对民族的和肤色的歧视，赛方给烁衿安排了一名常驻压轴选手，是一个体重将近300磅的巴西人。这位巴西选手的战绩是80多场全胜，并且所有对手都是在第一个回合被降服认输。

这是烁衿在拳场的最后一场比赛。他带着一身的暗伤，决心打完便彻底退役，所以明知是不公平的安排，双方体重差出了将近6个重量级，他也没有弃权。那时的他血气方刚，内心暗想，哪怕是残废，他也要让这些人知道中国人是吓不怕、吓不倒、不会轻言放弃的。

最终他们胶着地打满了两个回合，双方的硬件相差之离谱导致烑袧出腿攻击时对方只要伸直手臂就可以轻松阻挡，而身高的差距导致烑袧基本只能打击到对手的胸腹，根本无法有效重击面部头部。来到第三回合，逃脱了许多次控制降服体位的烑袧，体能和力量彻底耗尽，呼吸都已经不畅。他终究被这个巴西选手拿到背后的把位连根拔起，一个干净利落的抱摔后对手的体重全部落在了烑袧的上背，伴随而来的便是眼前的一片光亮和黑暗，他被当场KO，陷入休克。随后他便立马被医疗队送去了最近的急诊抢救。

听到这里，我内心也很受震动，问："你输了吗？"

烑袧说："比赛上我无可争议地输了，很彻底，但是我想那三个回合我拼死的精神应该是扎实地撼动了那位巴西老哥的心。后来在医院我才知道，比赛结束裁判宣布结果之前，他便选择了弃权，全场爆冷。"

他在医院疗养时，这位巴西人还连续来探望了他三天，他说打心里佩服烑袧，并且告诉他这种不公平的安排他也不爽多年了，每当有亚裔或者黑人、印度人要取得好成绩时，都会安排他去"搞破坏"，烑袧当时哭笑不得地问他："那你怎么唯独偏心我，难道是那天忽然发了慈悲吗？"巴西老哥给出的答案是，虽然这样很影响他赚钱，但是他也一直希望这个潜规则能有个人打破，奈何每一次被安排与他不对等比赛的选手都在第一个回合内认输弃权，所以并没有人真正打动他。烑袧的不要命精神，戳中了他。那一刻他也希望这个拼命三郎般的中国少年在最后一场属于自己的比赛中能有个好的收官。

我感觉，烑袧是一个喜欢挑战自己、不向命运屈服的人。一个家庭出身这么好、物质条件让无数人"羡慕嫉妒恨"的年轻人，承受了不为人知的精神肉体折磨后，竟然没有纸醉金迷、躺平享受，而是选择了一条充满荆棘的试炼之路。或许他比其他人更早地领悟了塞翁失马焉知非福、塞翁得马福祸相依、失足落马焉知非祸的道理吧。

天行健，君子以自强不息
风山渐，君子以居贤德善俗

最终，带着一身伤的炼衿结束了他的比赛生涯。膝盖骨骨折、骨裂，十根手指九根有不同程度挫伤，前脚掌粉碎性骨折，肩膀脱臼多次，鼻梁骨断裂四次，下颌骨错位，腰背肌群重度劳损，大大小小的眼眶头皮缝针，手掌骨手腕暗伤……经历过拳场中的厮杀，他发现，拳脚再厉害，也只不过是打败一个又一个对手。而高山过后还有高山，他想要见的真山，他已经见到了。一个武者，见过了自己，见过了众生，而他更想做的是见天地，是文化的传播、文明的传承。他想让更多的人了解中国武学、中国传统文化，让更多的人知道中国功夫的内核不仅仅是"打"，它更是一种精神、一种文化，是集合"打、练、养"的一门智慧，一种生活方式，一种道和文化、性命双修的载体。如若只停留在"打"，那终归只是一介武夫。其中的"练"亦是"炼"，炼的是心，是神，是意；其中的"养"，养的是品格，是心性，是我们的灵魂。

如同道家的道、佛家的无量、儒家的大爱，中华传统武学不仅仅是技击技法，是和平年代强身健体的好工具，是战争时代曾保家卫国的魂魄，它也是一门哲学，一种生活的哲学、一种生命的哲学、一种属于我们中国人自己的哲学。

所以，他随后放弃了学习UBC的心理学专业，转攻了影视。一次一次战胜对手也好，做心理医生一次一次治疗病人也罢，你一次永远只能战胜一个人、治疗一个人的心魔，他希望通过媒体的传播，让更多的人认识中国的文化、真正了解中国的文化，让未来的年轻人真正认可并自信重拾自己的文化。

烁袩说，传统武学真正的魅力分三层：在第一层你会被老祖宗们的智慧和技巧所折服；第二层则是你自己逐渐身心强大，不断征服对手、征服自己；而第三层魅力，在于不争之争，止戈为武，亦是人之中道，是身心最大的和平。

烁袩后来成功考上了北京电影学院，他说之所以选择北影而不是纽约电影学院，是因为他希望影响更多的中国年轻人，他希望能将他在国外的经历、他对中华武学传统文化的理解、他想传播的理念，以及这份瑰宝传递给祖国的未来。在美国，他的咏春师公们和李小龙先生已经完成了这种传播，作出贡献的同时取得了非凡的成就和荣耀，是时候让这份力量、这份属于华夏民族的精神也在我们自己的年轻人灵魂和心中醒过来、站起来了。

轻轻松松的生活或许是许多人的理想，充满荆棘的人生每个人都望而生畏、敬而远之。但是百炼之钢才得以坚韧，磨难之中才能诞出你今生来走一遭的意义。烁袩的命运也好，选择也罢，终究使他在历炼中寻得了独一无二的生命意义。

生活或许不会变得轻松，可你能选择慢慢变得强大。人生这场漫长的元宇宙游戏，你的梦想即将破碎时才正是发生转机的那一刻，万籁俱寂、身心疲惫时才是即将迎来黎明和灿烂的那一刻，只有那些在最艰难的时刻仍然选择正确的路、逆流而上的"玩家角色"，才能明白这场生命游戏赋予每个角色独一无二的终极意义，成为一个不凡的出众之人。而那些一味放纵自己、随波逐流的人，只能"出局"。

烁袩，就是这样一个逆流而上的人。

自己选的路，跪着也要走完
历经坎坷获数十项国内外专利

奋斗方向：越是优秀，越要专注
奋斗档案：唐宙明
年　　龄：37岁
专业领域：医疗机器人以及机器人触觉系统研究
求学背景：湖南大学→西蒙弗雷泽大学
归国时间：2017年

履历简介：曾任美国Microsemi（美高森美）高级系统芯片架构验证工程师。2007年开始从事医疗机器人及触觉仿真系统相关领域的研究。拥有7个自由度操作手臂的微创手术仿真系统设计并获美国专利。2017年底创立机器人科技公司IHS智触，带领团队获得多项中国专利、数十项软件著作权，多次获得创业大赛奖项。目前，公司已经成功商业化消化内镜和支气管镜手术培训机器人产品，并已与微软、博世、劳斯莱斯、字节跳动、东风汽车等国内外著名企业达成智能触觉技术合作意向。

一次，罗森联系我，说想引荐一位海归给我认识。这位海归跟我还有一些渊源。他是2016年深圳海归创业大会的路演嘉宾。深圳海归创业大会是我们举办了十年的活动。在那次活动上，他拿到了罗森的天使轮投资。然后，他辞去了在美国跨国芯片公司待遇丰厚的高级芯片架构师的工作，全职创业并将公司注册在深圳。

于是，我们约在罗森的办公室见面。他很准时，我到的时候,他已经坐在那里等我了。第一次见到他,他给我的感觉是憨厚胖胖的男孩子。他见到我很客气,立马过来向我问好:"秘书长,感谢您对我的支持,没有您,就没有现在的我啊!"我认真地打量这个海归企业家,圆圆的脸,看起来很善良很努力的一个人。他叫唐宙明,小学、初中、高中都在深圳读,可以说是妥妥的"深二代"。他高中毕业去了湖南大学学电子工程,之后又去了加拿大。在加拿大读研期间,他曾经发表六篇国际论文,在业界广受好评,还拿到了美国颁发的专利许可证。

在罗森办公室,我们面对面坐着。这位海归企业家不善言辞,坐了许久,也不说话。我问道:"请问你公司是做什么产品的?"

他回答:"我们公司做的是医疗产品。"

"什么类型的医疗产品呢?"我很好奇。

于是,他开始了长达一个小时的介绍,元宇宙、机器人、胃肠镜检查,他讲了一堆我听不懂的专业术语。他非常享受自己的讲解,全然不顾旁边的我和罗森是否听明白了。对于我这个连元宇宙是什么东西都搞不懂的人,这一个小时,真的有点煎熬。我只有一个感觉,就是:懵!

不过我很佩服自己的耐心,为了顾全大局,我没打断他,认真听他说完。罗森看到我一脸迷茫的表情,终于看不下去了,于是说:"这样吧,安妮,你去公司体验一下产品,可能你就懂了。"

于是乎,我就去了这家做医疗的、做科技的、做元宇宙的公司参观。

参观了才知道,唐宙明公司做的是培训机器人。也就是说,他是研究机器人触觉领域的专家。他做的产品用一句话来说明,就是:一套触觉系统,衍生出一个机器人,用于培训专业医生给病人做胃肠镜检查。

虽说是理工男,但他却是一个无比专注的人!

上天给我们无限的机会,却只给我们有限的时间、精力和才华。所以越是优秀,越要专注。专注这个特点在唐宙明身上体现得淋漓尽致。在公司,他给我展示了这台智能触觉机器人的使用方法。他拿着一个小探头,上下滑动,然后又用英文跟旁边的程序员交代打开和关闭机器按钮。没过一会儿,设备进入使用状态,他一边操控着触觉机器人一边指向电脑屏幕上的消化系统虚拟3D场景说:"操作者使用设备在逼真的虚拟场景中做消化内镜手术培训,同时还可以感受到真实的触觉。"我看得出他对机器的热爱和对技术的娴熟。

我问:"请问你们的工厂在哪里?"

他回答说:"我们工厂在深圳。"

我又问:"那这个机器是在哪里组装呢?"

他指着办公室里的一个小房间说:"这里。"

我们径直和他走了进去,只见他和几个同事拿着小工具娴熟地将一台零散的设备重新组装起来,之后还拿来测试。他告诉我们,这台机器可以卖一百多万元人民币。目前很多三甲医院都在采购这台机器。在全世界,他们只有两个竞争对手,且这两个竞争对手都是上市公司。在中国,还没有跟他们类似的产品。

他在装机器的时候,完全忘记了身边站了几个观众。他的世界里,只有这台机器。我似乎看出来他为什么能成为科学家了。唐宙明告诉我,这里虽然是一间破破的小房子,却藏着世界独一无二的核心技术。不要小看这个零部件,这可是他的核心竞争力。

"这是我发明的。"他自豪地看着我。

一个专注产品技术的人,即使语言表达不清楚,也是非常可爱的。他的可爱就体现在他的专注与执着。

三流高手靠努力，二流高手靠技艺，一流高手靠专注。我想，销量最大的苹果手机，恰恰是机型最少的一个品牌。专注是防守之道，也是进攻之本。唐宙明说，他和苹果一样，也只有一个主打机型，但就是这个机型，让他拿到了几百项国际专利。

人生的结果=思维方式×热情×能力
而最重要的是热情

我很喜欢一位企业家，就是日本的经营之圣——稻盛和夫先生。稻盛和夫先生说，人生工作的结果=思维方式×热情×能力。所谓能力，是指才能、智力，更多是指先天方面的资质。所谓热情，是指从事本职工作的激情或努力的态度。所谓思维方式，是精神应有的状态或对待人生的态度。人生和工作的结果是由这三个要素用"乘法"算出的乘积，绝不是"加法"算出的和。

我认为，以上最重要的是对工作的热情。有的时候我在想，为什么一个人总是有满满的激情，又为什么能拼了命地去坚持？其实，激情和毅力背后的哲学逻辑就是价值观和使命感。唐宙明说，在他的价值观中，从事智能触觉机器人行业是一件很酷的事，同时，又是一件造福人类的事。他说他现在遇到的最大困难就是，中国市场对胃肠镜检查的需求还没有被看见，需要像他这样的人去普及。但正因为市场有需求，而未被看见，他才有存在的价值。每次去做推广普及的时候，他都觉得自己是重要的、是被需要的。我想，这就是使命感吧。当一个人找到了使命感，也就找到了生活在这个世界上的意义。

在2016年海归创业大会上，唐宙明是我们海归项目路演嘉宾。其实，我对他真的没什么印象，因为他长相不突出，再加上他性格内向，就很容易被人忽略。只是，我清楚地记得他在讲台上散发的光芒。记得那天他的项目路演完,一堆投资人围上去问他联系方式,希望能参与投资。每当他讲到自己专业的时候,他就满怀激情、两眼放光。当一个人眼睛星光闪闪,处处展现对事业的激情,这样的人,想不成功都难吧。

生命的每一次相遇,都是一次奇迹

我问唐宙明,这些年,他最感谢的人是谁。他跟我说了五个人:他的父母,他的太太,及他的联合创始人罗森、Alex。他告诉我,他最感谢他父母。在2017年底,也就是他刚拿到第一笔投资的时候,他母亲就得了结肠癌。母亲生病,特别需要他在身边陪伴,可是他却需要对团队负责、对投资人负责、对市场负责,他没有办法在公司刚起步的时候抽出时间陪着母亲。于是,他把情况告诉父母。父母为了支持他创业,嘱咐他安心工作,不要为家里的事操心。父亲承担了所有陪护责任,并对他说:"我们很好,请放心。"正因为有了父母强大的爱的支撑,他才能全力以赴、心无旁骛地创业。

其次,他还很感谢他的夫人。创业中的人,时间都献给了公司;夫人和孩子,很多时候就是室友。唐宙明的夫人负担了家里的一切事务,把家里安置得妥妥当当,把两个孩子也照顾得很好,并且对他说:"做你想做的,家里有我,你不用担心。"

最后,他要感谢的,是罗森和Alex。其实,他们也是我非常熟悉的两个好朋友。唐宙明说非常感恩这辈子能遇见他们,感恩在公司最需要帮助的时候,出现了这两位贵人。唐宙明的故事,罗森跟我说了好几次。罗森说,唐宙明是他认识的人中最懂得感恩的人。他现在需要我们的帮助,我们只要帮他一把,未来,他一定会记得我们的恩情。

唐宙明在加拿大期间,公司的大小琐事,都是Alex处理的。

甚至投资人过来进行项目路演，也是Alex在对接与联系。唐宙明说，罗森和Alex不仅仅是他的投资人，更是合伙人；不仅仅是合伙人，更是这辈子的恩人。

他说他的故事时，在他脸上，我看到了感恩和希望，也看到他对现有生活的知足。我知道，现在看起来还不错的生活，可能都是拼尽全力换来的。唐宙明说，他创业的过程中遇到了很多坎坷。曾经以为过不去的坎，时间总会教你过去。

而生命中能遇见如此温暖可爱的人，也是一种奇迹！

唐宙明说，一个人的成就，不是以金钱衡量的，而是看一生中，你善待过多少人，帮助过多少人，改变过多少人，有多少人喜欢你，有多少人爱戴你，有多少人怀念你，有多少人帮助你。他觉得自己很幸运，可以遇到善待他的人，他真的非常感恩。人生只有一次，每次相遇，都是一次奇迹；带着感恩活着，每天都会深感幸福。

从辍学的"学渣"到人生赢家
帅气海归转变只因南柯一梦?

奋斗方向: 主动创造变化
奋斗档案: 王孟秋
年　　龄: 40岁
求学背景: 美国卡内基梅隆大学(硕士)→美国斯坦福大学(博士)
归国时间: 2014年

履历简介: 先后任职于Facebook、阿里巴巴、Twitter,曾放弃Twitter诱人的股权激励,在斯坦福大学攻读完博士后,归国与张通共同创立零零无限科技有限公司,致力于研发消费级智能飞行机器。2019年12月,王孟秋发布了全球首款V型双旋翼无人机。

放下焦虑,不要放下好奇心

世界上有三种人:忍受变化的人、拥抱变化的人和创造变化的人。王孟秋,就是第三种,创造变化的人。

2020年,深圳海归创业大会十周年之际,我们需要一位有影响力的深圳海归创业嘉宾。这位嘉宾要有海归背景,并且企业做得不错,还得有表达能力,能上台演讲,着实比较难找。正当我们焦虑的时候,Michael说,他认识一个人,是无人机行业中的网红企业家,还是非常优秀的斯坦福博士。说着说着,就百度搜索他的照片给我们看。

这位博士可不得了。他的故事非常传奇，曾经被2200多篇媒体报道介绍他的经历，刷爆美国的朋友圈，Facebook上关于他的宣传视频有4600多万阅读点赞。并且，他的产品被邀请在美国苹果店进行销售，是除了大疆无人机以外的唯一中国产品。这些都够劲爆了吧。但这些还不是重点，重点是，他还长得很帅，估计能吸引一波海归女粉丝。这样的嘉宾，太赞了。

怀着这份好奇心，我和小伙伴们都很期待接待这位传奇人物。我们在网上做了很多调研，查了许多资料。网上看到的王孟秋，西装笔挺，文质彬彬，感觉是一位风流倜傥、玉树临风的企业家。大家私下里说，这是我们海归创业大会十年历程里，长得最帅的嘉宾吧。

于是，终于等到创业大会当天。本来以为我们要接待的是一位穿着西服、戴着眼镜、梳着整齐的头发、具有强烈外形主义的海归博士企业家，结果，出现在我们面前的是一位不修边幅、邋里邋遢、头发似乎很多天没有打理的文艺男青年。

这跟我在百度上看到的人物，完全不符。服装服装，让人服，得靠包装。这位博士应该有相当高的自信，否则也不会本色上阵。他好歹也收拾一下，整理一下自己的头发吧，我纳闷，感觉他头发乱糟糟的，似乎很长时间都没有修剪了。正因为如此，我对他的印象非常深刻。虽然有些不修边幅，但是看样子，年轻的时候应该还是挺帅的吧。

王孟秋虽然是斯坦福博士，但他是那种上学不努力的人。如果说，这个世界上有一种人是老天赏饭吃的，我觉得，他就是这种人。他的故事，真的很值得被记录。

其实我一直搞不懂他的无人机和大疆无人机有什么区别，我感觉反正都是无人机，就是那种感觉很高科技，放在我面前我也不懂操作的机器。然后他告诉我，他做的是那种家用智能无人机，是普通人都会用的无人机。看我还是懵懂地望着他，他就说："大疆无人机是专业的航拍，我们是会飞的傻瓜相机。"

天哪，这种太适合我了。为了让我更好地了解他的产品，他给我看了一个视频。视频中，一位可爱的小男孩在草地上跑着，一架便携式无人机在这个小男孩的头顶飞行着，记录着这个孩子的每一个动作。孟秋告诉我，科技对世界的改变，很多都是潜移默化的。虽然我们不能改变世界，但是我们可以改变孩子的认知。在这个奔跑的男孩眼中，会飞的相机，就是一个普遍的认知，而这也是科技创新的认知。一旦孩子们的认知被提高了，那么，这个世界就有可能被改变。孟秋觉得，能改变这个世界对科技的认知，是一件很浪漫的事，这也是他为之疯狂的原因。

我问他："你觉得活着就是为了改变世界吗？"他笑了笑说："我就为了活着。"

他说他没有想去改变这个世界，或者颠覆这个行业，他只是在做一件他非常热爱、非常燃的事。因为，他对这件事，充满了好奇心。

当你对世界充满好奇心时，你才真正地活着。当你满怀激情地活着，你的生命将重新被定义。

我就值五百元

我好奇，孟秋到底是一个理性的人还是感性的人。他是斯坦福的博士，还是计算机博士，又是科学家，应该足够理性吧。可是从他对世界的好奇心和他的言行举止来看，我觉得他一点儿也不理性，而是非常的感性。他跟我说，他就值五百块钱。

这是一个改变他一生的故事。他说他曾经有一个邻居，他们一起长大，非常要好。那一年，他初一，邻居高三。等到孟秋初三时，他的邻居已经大三了。他们约好了一起爬泰山，一起去北京,一起游青岛。就在青岛时,发生了一件事,这是改变孟秋生命的事。有一次,他俩一起坐公车,上车时,车上有八个男人,神神秘秘,本来也没有什么,可是到了某一站时,这八个男人一齐下车了。这时,车上剩下的乘客齐刷刷地看着他俩:他们的钱包被偷了。这时,他们立马下车去追,希望能把丢失的五百元要回来,但没追到。孟秋想了想,不对啊,对方八个人,他们才俩人。就算真的追到了,能要回来这五百元吗?他弱弱地问这位邻居,他们这么追下去,值得吗?邻居看了看他,认真、深沉地说:"我的命就值五百元。"

这句话对孟秋的影响非常非常大。活着就是为了一口气,一个可爱的人,他一定是有些不完美的,而那些坚持的、执着的不完美,才造就了他的可爱。很多人虽然活着,但是却如行尸走肉,没有灵魂。而轴轴地活着还带着些生命力,就会非常生动可爱。

王孟秋,就是这样的人。为了一口气,他会拼尽全力。

前半生靠投胎,后半生靠努力
人与人之间生命力的差距,往往是后半生开始的

小的时候不读书只喜欢听音乐、看电影,上高中天天迟到,上大学又辍学,本科四年换四所学校的王孟秋同学,是如何成为博士的?

他跟我说,这得益于他在新西兰的经历。杭州的中学、北京的大学,都让孟秋觉得无比枯燥。这可是一位浪漫主义哲学青年啊,怎么能生活得如此枯燥、如此浪费生命?于是,他就选择了退学,成为北京航空航天大学第一位辍学的浙江省高考状元。这可急死了他爸妈,好端端的年轻人待业在家,真的吓死父母。没办法,他开始咨询留学,于是,他就带着梦想和仅有的一些钱,来到了新西兰最南的一个小镇Dunedin。正是这个优美的小镇和古老的大学University of Otago，改变了他的生命，让他从靠投胎的日子，慢慢开始靠努力。

很多国外留学生打零工都会选择刷盘子，为了不给家里增加负担，他连续刷了三年的盘子。因为他工作很认真很投入，他的韩国老板在年底发奖金，给别人20纽币，却给了孟秋40纽币。人生第一次感觉到被认可、被肯定，他内心感到满满的自信和欢喜。可是，这盘子还要刷多久呢？未来的人生，又会怎么样呢？

一个梦，彻底改变了他。

在一个夜深人静的晚上，他做了一个梦，在破旧的出租屋里，一个男人站在梳妆台前。他仔细地端详着这个男人，那是四十岁的自己。四十岁的他，穿着破烂的衣服，面容憔悴，沮丧中透露着迷茫和不知所措。四十岁的他，还在餐厅里刷着盘子。

孟秋很紧张，很害怕，很无助。他觉得人生渺茫，他觉得生活没有任何意义，他觉得活着的目的，就是刷盘子。他突然发现，除了刷盘子，他什么也不会。那一年，他十九岁。

就是这个梦，让这位玩世不恭的文艺男青年，玩命地投入学习。他深刻地感知到，这是他改变命运的唯一方式。

决定我们成为谁的，永远不是我们的出身，而是我们的能力和选择。

最有魅力的不是你多优秀，而是你的真性情

前几天看到一个视频，美国知名影星Will Smith在2022年3月底的奥斯卡颁奖典礼上，打了Chris Rock一巴掌。原因是Chris Rock诋毁了Will Smith的夫人。Will Smith是我很喜欢的一位好莱坞明星，他为了保护自己的夫人，甚至愿意接受十年内禁止参加奥斯卡任何活动的代价。这十年里，他依然可以被提名，甚至获奖，但不能出席包括颁奖典礼在内的任何奥斯卡活动。这对一位演员来说，应该是巨大的伤害吧。即便这样，他也要为了他保护的人，争一口气。这样的男人太帅了。

　　孟秋说，他就是这样的人。对于他认可的人、认可的事，他会用生命去保护。他是一个真实的人，更是一个真性情的人。如果不是深入地和他聊天，我会以为他是一个学霸级的天才。可是从他的成长故事中我才知道，他是一个小的时候不爱学习，只喜欢篮球、音乐和电影的文艺青年。可是他活得真实，并且一直在走自己的路。我想，人最重要的就是找到自己的定位，然后真实地活着。真实比优秀更重要！

　　他一直说，吃苦真的是福分，只是很多人不知道这一点。如果你什么都没有经历，那就相当于没有活过。其实，使人成熟的，不是岁月，而是经历。一个人一定是在生活这个大熔炉里，经过了千锤百炼，才能在现实面前，保持从容镇定，处变不惊。我在他身上看到了真性情和生命的真实。

　　谁的人生，谁负责；好的人生，是不负此生。

经常能见费德勒，偶尔见见张学友
这个海归为什么四肢发达头脑不简单

奋斗方向：听从内心，争取去专业领域的最高学府

奋斗档案：张聪辉

年　　龄：33岁

专业领域：体育管理

求学背景：英国拉夫堡大学（体育管理硕士）→香港城市大学（工商管理博士）

归国时间：2015年

履历简介：创立了全英体育——国内首家纯英式运动教育机构，致力于打造中英体育交流平台，与英国拉夫堡大学就业指导中心及英国国家网球中心合作，为英国及欧洲毕业生提供就业衔接，至今覆盖深圳4所校区，拥有20多位中英教师、500多名学生。创立专注于信息化智慧体育教学管理革新的科技型企业，研发了基于人工智能、物联网和大数据的青少年体育教育和运动管理SaaS平台，目前已获得了美国硅谷风投、英国Entrepreneur First及国宏嘉信资本的千万投资科技系统等融资。

人生只有一次，值得仔细设计

五年前筹备成立海归网球俱乐部时，同事告诉我："安妮姐，这次我们新的网球俱乐部队长是温网的，一个英国回来的海归，名字叫张聪辉。"对于一个不打网球的小白来说，我不太能理解温网代表什么。百度了一下，那好像是历史最悠久、最具声

第一章　绝地求生　　037

望的世界性网球公开赛事。或者说，那里是全球网球运动的圣地，有很多很多的国际网球明星顶流。

一次，我们一位朋友想打网球，我主动联系张聪辉，问他可不可以安排一个教练。他说立马安排，问我安排中国教练还是外国教练？英国教练还是澳大利亚教练？冠军教练还是亚军教练？我才发现，他旗下的网球教练，都是深圳网球教练顶流。

我很好奇，有那么多选择的机会，聪辉为什么会选择网球。他跟我说了他小时候的故事。聪辉是客家人，出生于一个小康家庭，父母给了他很好的生活条件。他从小就有一个体育梦。他希望在大学能攻读体育专业。当时上大学，他收到了五个offer，其中有英国帝国理工大学、伦敦政治经济学院、利物浦大学、爱丁堡大学。这些都是在英国很受欢迎的学校，但他理想的学校是英国拉夫堡大学。他告诉我，拉夫堡大学在英国排名第五，但是它的体育专业全球排名第一。可是聪辉前前后后被拉夫堡大学拒绝了三次。他仍旧不放弃，继续申请。他说他被拒绝的原因可能是自身条件不够。因为拉夫堡体育专业的中国留学生很少，并且都是来自清华、复旦等这种好学校的人。像聪辉这样学术背景一般的中国学生，很难被录取。

聪辉没有放弃，或许是学校被他的执着感动了，最后一次面试，他终于通过了。于是，他去了梦寐以求的拉夫堡大学，攻读体育管理专业。

我问聪辉："为什么你一定要去学体育？伦敦政经不好吗？学个金融管理专业，不香吗？"

聪辉告诉我："我父母也是这么说。当初，没有一个人支持我学体育。可是我小的时候就喜欢打篮球、打网球，我又很喜欢看球。我的梦想就是在温网里面看一场比赛。所以，我立志要去拉夫堡大学，这个学校是体育领域最高的殿堂。"

要做出这个决定是很艰难的。在中国这个高速发展的国家，在深圳这座快节奏的城市，很少有年轻人会放弃高薪的专业，选择自己喜欢的小众专业。也很少有父母支持孩子放弃热门的领域，而去选择不主流的学科。但是聪辉告诉我，他很小就知道自己想要什么，所以，不管家人如何反对，他依旧坚持自己的决定。

我很好奇，体育管理专业，上课都教些什么内容？教你打网球？打篮球？打棒球还是冰球？聪辉的回答颠覆我的想象："我们学市场营销、人力资源、战略管理、会计及金融管理、俱乐部运营，但是没有任何关于体育运动技能的内容。"

这真是新奇，不是体育专业吗？他告诉我，这是体育管理专业，也就是说，来这里上课的都是世界各地喜欢体育的人才。他的同学中有世界冠军、奥运冠军、英国国家队队员等。所以，大家本身都有很好的基础，来这里学习体育管理，之后去到全球各个体育领域，从事高端赛事及超级俱乐部的运营工作。比如说，聪辉的一位同学，现任一家英超俱乐部的董事；另外一位同学，现任国际网联ITF全球商务总监。

聪辉说，很多人都以为，学习体育的人，都是那种头脑简单四肢发达、英语不好、沟通也不行甚至没有商业逻辑的人。其实，来到拉夫堡大学才知道，这里聚集了全球的体育精英。这里的每一个人，都是各个方面领先的优秀人才。体育不仅仅是一项运动，它甚至可以让人成为一个更加完美的人，可以优化人的生命。

我很佩服聪辉的选择，在中国，体育属于小众领域。一个综合素质不错的优秀年轻人，在有这么多选择机会的时候，却去选择如此小众的体育管理专业，实在让人意想不到。但是，这样的人生，没有遗憾。

其实，要避免遗憾，也很简单。小的事情，listen to your head；大的事情，listen to your heart。聪辉就是listen to

第一章　绝地求生　039

his heart。他知道自己要什么，然后全力以赴去追随他所要的。

人生最大的幸运不是捡到钱，而是某一天终于愿望实现，去到你梦寐以求的地方，打破你的思维，提高你的认知，提升你的境界，走上更高更广的平台。

聪辉说，人生只有一次，一定要好好设计。过去了就没有重来的机会，一定要对自己的人生负责任。

在温网的每一天都心跳加速

从拉夫堡大学毕业后，聪辉终于进入温网工作。也就是说，他"在温网看一场比赛"的梦想已经实现了——他在温网工作，可以天天看比赛。当时温网只有聪辉一位华人。他每天都会心跳加速，犹如初恋。因为，他每天都会遇见他最爱的网球球星费德勒。

"安妮，你最喜欢的明星是谁？"

"美国的电影演员Jason Stanthem。"

"那你就想象一下，你这辈子最大的愿望就是看Jason Stanthem拍电影。现在你不但有机会天天看他拍电影，还能每天和他一起工作，帮他处理链接中国的事务，你是什么感觉？"

我想了想，回答："我会心跳加速，开心到爆棚。"

聪辉就是这样的感觉。

他给我说了一个故事，有一次在温网工作，突然听到有人讲中文。他很好奇，转头一看，在球场看到了一位中国男性，仔细一看，竟然是张学友。张学友也在温网看球。于是，聪辉很快和张学友攀谈起来。起初，张学友还以为他是骗子，因为张学友不敢相信，竟然有华人在温网工作，于是拿着聪辉的工作证看了半天，再三确认他不是骗子，不是粉丝冒充的工作人员，才终于相信了。张学友很兴奋也很惊讶，拉着聪辉在温网聊了一天，聊各种球星的故事和自己喜欢网球的经历。原来，张学友也是费德勒的超级死忠粉。这一整天，聪辉都陪着张学友。一位是大明星，一位是初出茅庐的小伙儿，但他们的沟通没有任何的障碍。因为，体育无国界。体育能拉近人与人之间的心灵距离，体育是全世界共同的语言。

现代体育需要创新

结束在温网的工作后，聪辉回到深圳，继续发展他热爱的体育事业。聪辉的梦想是让体育回归社会，让更多国人受益于体育。这是他的使命，也是他的愿景。

体育作为一个媒介，其实可以更好地链接产业链，只是中国人普遍以为，学体育的人就是不爱动脑筋、IQ比较低的人。聪辉要打破人们的这种认知。

聪辉在深圳成立了全英体育，引入英国网球协会LTA网球导师，首次在中国进行长期的英式网球教育推广及教学培训，实践"体育+教育"，并为深圳12所国际学校及校外体育俱乐部提供全欧美职业外教体育课程；全英体育拥有全球顶级体育教练，并且能与温网的资源联动，为深圳的网球事业发展助力。

我问他："大家都在办体育活动，你的体育活动和别人有什么不同？"

"是的，大家都在办体育活动。有的搞马拉松，有的搞跳绳比赛、游泳比赛。可是，我和他们不一样。我做的是'体育+教育''体育+产业''体育+科技''体育+医疗'。并且，我希望通过'体育+'让社会实现真正的全民运动，让体育成为一种生活方式，而不是仅仅让人们跑一下马拉松、参与一次运动。"

聪辉说，作为深圳海归，他感受到了自己的优势。本来在深圳做体育的人就少，具有海外工作或者学习经历的体育从业者就更少了，从深圳出国留学的孩子大部分学商科。可能大家觉得学体育战线太长，而且也不够"体面"，因此少有人坚持。可是聪辉因为热爱坚持到现在。如今，他的全英体育在深圳也小有名气。他的海归身份、体育管理专业、英国国家网球学院及温网的工作经历，让他很快在深圳的国际体育领域脱颖而出。

全英体育，就是一个从事"国际体育+教育"的企业，也是聪辉梦想的实现。他说他很感谢深圳，在这里，他的想法和点子很容易被实现。比如说，他正在给深圳市策划一场运动会，这是一场线上加线下的全民运动会。聪辉目前计划联动华为，华为运动健康App活跃用户有两百万人，这两百万人通过穿戴设备产生数据，并且将其传送到云端。聪辉的团队可以在云端截取数据进行统计和竞赛。这样，就真正实现了全民健身，也真正实现了"体育+科技"的融合。

深圳是一个创新的城市，体育也需要不断创新。2022年11月，他又策划并主办了另外一场体育赛事——粤港澳大湾区体育比赛。聪辉说，深圳作为中国特色社会主义先行示范区，可以通过体育文化交流，为粤港澳青年搭建一个加强沟通交流、促进合作发展的平台，助其融入当前国家发展大局。

体育，不仅能促进身体的美和动作的和谐，还能塑造人的品性、磨炼意志力。

我问聪辉，体育带给他最大的改变是什么？他告诉我，曾经的他是一个特别内向的人，口才不好，沟通能力不强，也不善于社交。可是通过体育，他认识了诸多好友，他们来自不同的国家、不同的文化背景，有着不同的肤色，大家都用体育这种国际语言在交流。体育让他找到了内心的自信，同时成长为更好的自己。

在2020年疫情暴发时，全英体育的外籍教练人数从十几人下滑到两个人。很多外籍教练回不来中国，学生就开始退费，家长的投诉不断地涌来。他每天睁开眼，就要面对几万到十几万的支出。第一次创业的他不知如何面对这种情况。他非常焦虑，整夜整夜失眠。父母甚至劝他放弃体育，找份稳定的工作。可是他不愿意，他热爱体育，他不想放弃。

聪辉告诉我，是体育救了他。每当他焦虑的时候，他就去打网球。在打网球的过程中，他压抑的情绪也全部得到了疏解与释放。

体育的魅力就在于，你可以收获惊喜。这种惊喜不但可以强壮你的身体，还能打磨你的意志。体育的交流是无障碍的，这种交流跨越信仰、跨越种族、跨越不同的风俗，能在瞬间融合。这种融合与生俱来，无时不在。我想，这就是聪辉如此坚持的原因吧！

五"独"俱全棒球小子
自己阳光，走到哪里都闪闪发光

奋斗方向：拥抱苦难，调整心态
奋斗档案：崔迪凡
年　　龄：32岁
专业领域：体育教育、运动娱乐、文化传媒
求学背景：得克萨斯大学奥斯汀分校（金融学和数学）
归国时间：2016年

履历简介：国家一级棒球运动员，全国青少年棒球冠军。毕业后先后就职于安永会计所咨询部门、花旗银行股权研究部门。于2016年底回国创业，现在担任蓝袜文体科技集团创始人兼CEO，旗下包括：蓝袜国际棒球学院、SwingCage棒球酒吧、BLUESOX运动科技装备、蓝袜传媒等项目公司。

阳光下的运动男孩

对于很多人来说，运动是一件很辛苦的事儿，而对于崔迪凡来说，运动是他生命中的一部分。在他看来，运动是一种享受，不是一种承受。他的生命，注定和运动联系在一起。

"你觉得你的优点是什么？"我好奇地问他。

他想了想，看看天，又看看地，思考了一会儿，又回问我："安妮，你觉得呢？"

我觉得是："阳光，有亲和力，综合素质很高，身体很健康，

长得还很帅。"他笑了笑。这就是我印象中的他。

第一次见到他,还是十几年前。有一次,一个朋友跟我说要介绍一位非常优秀的90后海归给我认识,这位海归是做棒球事业的。他就是崔迪凡。崔迪凡是那种皮肤黑黑、长得挺帅的阳光大男孩,在他身上无处不见阳光青春的影子。

出生于1990年的崔迪凡,4岁来深圳,16岁就出国,在美国得克萨斯大学奥斯汀分校学金融学和数学。毕业之后他先后在安永会计师事务所做咨询,之后又在花旗银行做股权研究。2017年,他回到深圳开始创业做棒球事业。

小时候的崔迪凡就是运动少年,一年级开始打棒球,六年级就是全国棒球冠军,也是深圳第一支棒球队的成员,代表中国参加了在美国、日本等国家举办的世界青少年棒球锦标赛。

崔迪凡告诉我,在美国,第一运动是橄榄球,第二运动是棒球,第三运动是篮球。棒球是美国法定的国球,因为棒球是美国人发明的,也是美国国运和国史的一个见证。但是,他不仅仅喜欢棒球,他还喜欢所有的球类运动。他告诉我,他太喜欢运动了,每天都要运动2—3个小时,可能别人觉得非常累,崔迪凡却觉得很享受。篮球、足球、棒球、网球、高尔夫,他一天可以做三种运动。比如说,他早上去健身,下午下场打高尔夫,晚上再约朋友一起打个篮球。

他之所以会从事棒球事业,是因为这个领域的从业人员太稀缺了。而且崔迪凡从小就是全国棒球冠军。从美国回来后,又恰逢深圳提出打造棒球之城的政策:政府投资1.5亿做一个顶级棒球场和举办棒球赛。这对于他来说是一个非常好的机会,于是,他就扎进了这个小众运动领域。

拥抱失败是一种很美好的体验

"做棒球事业的过程中，你有遇到困难吗？"我很好奇他对体育的追求和创业是否能融合、是否会有摩擦点。

"我们前期遇到了很多困难，我喜欢运动也热爱棒球，但是我们不懂教育行业的经营和规则，我不懂管理。做服务行业，你能管理多少人，就能成就多大的事业。而管理团队，从'术'到'道'都很重要。"有一段时间他的事业非常艰难，现金流遇到问题，合伙人也离开他。各方面的压力，让他陷入痛苦，也逼迫他每天都在反思和学习。他说他很感谢他的一位导师的教导：年轻人最大的本钱就是"不要脸"，坚持"不要脸"，世界才会给你脸。于是，他开始放下面子，跟身边的人学习和请教。

最初，公司的收入问题是崔迪凡遇到的大麻烦。但是同行中，有做得比较好的企业。他也逐渐学会了，不要小看任何人，要向任何比自己做得好的企业学习，所有的竞争对手都有值得学习的地方。于是他就到处去请教，请教人家的市场经理，请教人家的销售顾问，每天吃饭时间就是学习时间，请行业的人喝咖啡吃饭成了常态，通过一起吃饭去交流经验、去学习。就这样，渐渐地，他找到了适合自己的营销方法。

命运需要你成长的时候，总会安排一些事来刺激你。刺激其实是一种正向的激励，可以让你成长得更快。一个人的成长，就是经历挫折时刻，依旧奋力向上生长。吞下所有的伤痕，却又把委屈不动声色地转化成勇气和智慧。这样的人，内心的自信和安全感，无人可以撼动。崔迪凡告诉我，那段痛苦的时期，至今还让他很怀念，正因为那段时期很痛苦，所以让他刻骨铭心。

成年人的自我成长和自我改变不是一件容易的事。我们需要重新审视自己，撕裂自己，再重建自己。经历了这个过程，你会发现人生又是另外一番风景。崔迪凡说他就像橡皮泥，一度不知道自己该变成什么形状。他创业的过程，也是学习自己和学习世界的过程，他的经历，就是不断在揉搓这个橡皮泥。没有这些经历，很难把自己打碎了再重来，也很难把自己捏成一个像样的形状。

快乐可以让人忘乎所以，但是真正使人成长的一定是苦难。苦难可以给人灵魂的净化。

这个世界上所有美丽的人，都是从苦难中走出来的。

让百万少年身心健康

崔迪凡是个运动大男孩，他就是在阳光下长大的一代，每天出去晒晒太阳是标配。小时候妈妈就说他是个"黑炭"，因为常年户外运动被太阳晒得黑黑的。他告诉我，现在国内城市人很缺乏体育和运动，现在的孩子都被培养在温室中，他希望孩子们能走向大自然，能挥洒汗水和激情。体育能激发人内心最原始的欲望和本能。运动本身就是一种竞争，需要团队合作，大家在一个规则下，要想办法去赢。现在很多人不愿意竞争选择躺平，不知道怎么竞争或不享受竞争，但如果他们从小热爱运动、热爱团队协作，那就会爱上竞争、享受竞争。

以前很多人说，喜欢体育的人就是头脑简单、四肢发达。其实崔迪凡完全是一个教科书式的头脑不简单、四肢又发达的年轻人。他告诉我，他做棒球事业就是希望能培养综合素质强的年轻人。他小的时候不但体育成绩好，学习成绩也是名列前茅。他的愿景是，锻造阳光少年，引领健康的生活方式。现今社会人们的学习和工作强度较高，他希望未来年轻人和家庭能把更多的周末时光放在阳光和草地上，尽情地享受阳光，挥洒汗水。

崔迪凡告诉我，他们的棒球俱乐部里曾有一个孩子，从小学二年级就跟他学棒球，学了五年，后来去了新西兰读书。因为从小的棒球功底，那个孩子现在已经是新西兰国家青少年棒球队的成员，也是唯一一个被新西兰国家青少年棒球队录取的华人小孩。他告诉我，这让他非常有成就感。

他相信未来从蓝袜棒球俱乐部走出去的孩子，都是阳光自信的孩子，不但身体健康，而且心理和社交都很阳光。这样阳光的孩子，未来的人生应该也不会差吧。棒球场也是一个社会的缩影。比赛因为自己的失误输了怎么面对、和队友吵架了怎么办、被教练批评了受了委屈怎么处理，这一系列问题，都需要自我调整心态，再接再厉，重返运动场。

其实，运动会让你具备更好地适应社会的能力，让你拥有一颗更坚定和稳定的心，去面对未来社会的变化。

崔迪凡告诉我，现在很多的孩子都没有什么能让他们热血沸腾的事物。因为他们都没有吃过苦，又怎么会有为之奋斗澎湃的事情呢？而在运动体育场上，你可以看到他们热情和能量的激发。运动场就是他们释放青春的舞台。

认识崔迪凡十几年，如果用一个词来形容他，那就是五"独"俱全：独立的价值观、独立的思考能力、独特的生活方式、独特的人格魅力、独立的阅读能力。他告诉我，他希望未来的世界能培养身体和心灵同样健康的孩子，这是他的价值观也是他的使命。他的思考方式也和别人不一样，他大学的专业是数学，这对于他创业有着莫大的影响。他给这个行业写了三个数学模型，整套公司运营管理模式背后都是一个数学公式。崔迪凡的理念是，这个数学公式会变成一个游戏，公司内部和客户就是在打游戏，如何把学习和工作变得有趣是他一直在思考的问题。

崔迪凡的生活方式很独特，他太喜欢运动了。他告诉我，每天不运动就好像没有吃饭一样。他希望未来的年轻人都和他一样，享受运动，爱上运动，并且拥有健康的身体。还有，成绩还不能差，他认为成绩代表了一个人的思维和学习能力。

他有三个思考逻辑。首先就是长期主义，他不是一个求短线利益的人。其次是因果。现在很多年轻人都会焦虑和迷茫，因为他们更关注眼前的结果。眼前都是豪车豪宅、成功人士的各种新闻，这些都是结果，但是他们却很少关心这背后的原因。再比如说，我今天生病了，这是结果，而没有坚持每天运动是原因。解除这个担忧的最好方法，就是去关注原因。如果把重点都放在原因上，那么，所有的结果都能接受。第三就是平衡。其实，我们生命中的一切，都是在找一个平衡点，然后努力去提升这个平衡点的层级。

说了这么多，是不是开始喜欢上了这个阳光大男孩了呢？这就是他独特的人格魅力，走到哪里都闪闪发光，自带流量。他告诉我，创业以后，读书也成了他的一种解压方式。他读了不少的书，希望在书中找到逻辑和方法，让自己快速成长，想把自己捏成自己想要的样子，寻找自己的过程是一件很棒的事。

不是所有人都真的想回到十八岁，只是不希望失去了十八岁的梦想和勇气；也不是所有人都害怕老去，只是害怕自己在老去的时候还没有活成自己想要的样子。而阳光帅气的崔迪凡，正在努力活成自己想要的样子，他说话语速很慢，从他身上感受不到焦虑，感受到的是一颗热爱运动、热爱生活的心。把运动融入生命里，让他变得越来越优秀，越来越接近他最好的样子。

第二章
逆袭人生

当得了职场白领，救得了濒危鳄鱼
海归学霸的非凡大爱

奋斗方向：什么都可以变，确定的目标不能变

奋斗档案：马默涵

年　　龄：33岁

求学背景：美国纽约大学（金融工程）→英国剑桥大学（嘉治商学院社会创新方向MBA）

归国时间：2020年

履历简介：大学毕业后考入美国纽约大学，跻身华尔街成为金融从业者，并积极参与公益活动和志愿者服务。成为一名母亲之后，再次进入剑桥大学深造，在社会创新的学术领域为自己的所信所想付出耕耘。从社区公益组织走到国际组织，参与的项目从性别平权到领导力，从争取少数族裔权益到保护生物多样性，在美洲、欧洲、非洲以及东南亚始终致力于公益事业。回国发展后加入了金融科技行业，在普惠赋能的领域里继续深耕。

不久前我们举办全球海归校友会活动，几乎所有海外校友会的代表都来了：加拿大多伦多大学、英国纽卡斯尔大学、美国哥伦比亚大学、美国耶鲁大学、英国剑桥大学……其中，英国剑桥大学的校友会代表最吸引我的注意，那是一位温文尔雅的女孩子，不怎么说话，文文静静，坐在角落。我跟她没有怎么接触，但可以感觉到这是一个很有能量的女孩子。她浑身上下散发着一

种气质，一种学习的气质、上进的气质、拼搏的气质和奉献的气质。后来我们有更深的交流，我才发现，我对她的第一印象，竟然如此精准。她就是这样一个上进努力，并且有着非凡大爱的海归学霸——马默涵。

默涵的学霸精神，在课堂上体现得淋漓尽致。我和默涵一起上《易经》课，我们都是第一次上课，都不了解专业知识。可是就在大家都不懂的前提下，老师问了一个问题，本来只是希望大家知道这是一个很重要的知识点，并没有期待班里的某位同学可以说出个所以然来。本来《易经》就是一门很难的学问，大家说不明白是一件很正常的事。可让我们惊讶的是，老师还没有开始讲课，默涵就已经能够靠自己的预习，轻松回答老师的问题，并且把第一堂课的内容全部复述出来。

当我们还没有整明白的时候，她就已经靠自学整明白了。老师说，因为默涵的存在，提升了整个班的智商水平。我们都蹭了一波她的高智商流量。

默涵现在就职于深圳微众银行。她说，她之所以能走到今天，因为她是一个很有目标的人。人一定要有目标，没有目标的人生，是虚度的人生。

她曾经在纽约大学攻读金融工程硕士，很多中国学生到了那里，都被纽约的繁华给迷住了。有的人开始玩，有的人开始享受生活，只有默涵清晰地知道，她要好好学习，在毕业前找到工作，她要留下来。抱着这份理念，她开始规划她的学业。还没有毕业，她就代表学校拿到了纽约市政府的实习名额。要知道，当时的纽约市长在纽约当地的每一所大学只选一个学生做实习生。而默涵是纽约大学150名申请人中的唯一入选者。

人生，没有无缘无故的幸运。好运气都是策划出来的。每一份幸运背后，都是努力过后的惊喜。

毕业后，默涵顺利地在美国找到了工作，就职于美国运通集团。这一份工作，她做了五年。五年里，她连升两级，做到了全球商务部高级经理。而就在如此高强度的工作下，她还担任了三年的公司员工慈善协会主席，每年都策划不一样的慈善项目。默涵就是那种人，决定了的事情就要去做，并且要做好，不抛弃不放弃。她要在自己的领域中，发光发热。

　　纽约是一个金钱至上的地方，大家都看钱。可是默涵却发现了一个断层，一个公益慈善行业在中青年群体中的断层。她发现，貌似只有初出茅庐的小孩和功成名就的人物，才有决心做公益。其他人，不是没有钱，就是没时间。

　　为什么公益行业没有像其他行业一样的职业发展路径呢？默涵不解。

　　对于一个目标性很强的人来说，在美国的求学和工作经历让她渐渐清晰自己下一个目标是什么。那就是，要找到商业与慈善公益之间的平衡。默涵希望自己成为一个造桥的人，而这座桥，就是解决社会问题。

　　很多人都不理解，以默涵的资历和能力，找个500强企业担任高管，年薪几百万，那是轻轻松松的事儿。可是她偏偏选择了一条让人意想不到的路。你肯定无法想象，这位纽约大学和剑桥大学双硕士，这辈子最大的愿望，不是赚钱，不是功成名就，而是做一个有爱的人，一个能为公益事业奉献终生的人。

　　于是，她开始发掘思路，因为她也没有想明白如何做公益。带着这个问题，默涵决定去英国剑桥攻读MBA，并且选择的是社会创新方向。同学们不理解，花这么多钱读商学院的人，竟然会选择一个与公益相关的课程，这不是浪费钱吗？默涵并不觉得她在浪费钱。她清楚地知道自己在做什么。在践行公益的道路上完成自己的使命，是她下一个阶段的目标。

不怕痛苦，只怕痛苦得没有意义

2019年的夏天，默涵代表英国的一家非营利组织前往柬埔寨救助当地的极危野生动物。作为这个项目唯一的咨询师，也是当地分支机构的第一位中国成员，她满心忐忑。落地柬埔寨后，默涵试图用商业化的方法减缓当地因资源匮乏和发展落后导致的物种灭绝情况。

当时的柬埔寨刚从政乱疮痍中复苏，国际资源纷纷涌入，基建公司、商业机构和国际组织像雨后春笋一样生机勃勃。默涵说，当地经常有一种冲突感，就是前工业社会的底层建筑和现代经济意识形态在同一个地方同生共存的冲突感。即便在工作中，她也能感受到当地人对外国资源的依赖，同时又对外国人有着与生俱来的恐惧。

在这样的环境下，其实是很难真正地投入工作。

整个项目做下来，默涵说感受特别深。记得当时在深山的黑夜里，她缩在睡袋里听了六个小时的暴雨声，第二天起来，还要和鳄鱼在同一条河里洗澡。默涵说："你可能无法想象那种场景。但不经历，你真的无法体会当时的心情。"她一直问自己，到底是图什么？如果重新选一次，她还要再来吗？她问了问自己，答案是肯定的。如果再给她一次选择的机会，她仍旧会选择这条路。

默涵选择让生活变得有趣和生动。当你经历了各式各样的生活以后，你会发现，你的认知慢慢地增加，能力渐渐地提升。你不再是以前那个懵懂的小女孩，你是自己人生的女主人。

默涵说，她是一个很有勇气的人。而这个世界，女性们需要有更多的勇气。很多人缺乏勇气，本质是缺少目标，缺少面对困难时的支撑，不清楚自己到底想要什么，不知道自己有什么。

当时她在柬埔寨帮助当地人保护濒危鳄鱼。这种濒危鳄鱼，在全世界只剩下两百多条了；再不保护，可能就面临着灭绝的风险。

帮助鳄鱼是默涵的工作，也是她的目标。于是，她开始想办法，去联系当地的外国机构和中国机构，设计出一套有效的商业模式。功夫不负有心人，最后，她终于找到一个对野生动物有爱心的机构，并且解决了鳄鱼保护经费短缺的问题。默涵说："你若不想做，会找一个或无数个借口；你若想做，会想一个或无数个办法。"

经历过这件事，默涵觉得自己成长了。她的成长不在于她是一个学霸，也不在于她毕业于剑桥大学，而在于她正视了所有的痛苦和困难，学会了在痛苦和困难中生根发芽。

不怕痛苦，只怕痛苦得没有意义。

我想，这就是真正的成长。真正的成长不是看你经历了什么，而是看你怎样去理解自己的经历。

人生最终的追求：找平衡

我问默涵，她为什么会来深圳？她说她在剑桥读书的时候，当时的深圳市副市长去剑桥做推介会，那个时候就介绍了深圳。也正是那一次推介会，默涵了解到原来还有这样一个美好的城市。于是，她带着这份美好来到了美丽的深圳，最终定居了下来。

现在的默涵在深圳微众银行工作，她说，她很感谢她的领导。领导认同她的理念，让她在工作的同时，还可以继续做公益。她仍旧希望在商业和公益中找到一个平衡，让更多的人能跟随她的脚步，不断地为他人赋能、为社会赋能。

默涵一路走来，靠着目标和勇气，做了许多人意想不到的事儿。虽然过程很艰辛，但是结果却让她很喜悦。她说她很幸福，这份幸福有扬在脸上的自信，也有长在心底的善良，更有融进血里的勇气，还有刻进命里的坚强。

博士被吓出一身冷汗
他怎样做到临风不乱

奋斗方向：情绪稳定
奋斗档案：陈功
年　　龄：33岁
专业领域：医疗科技
求学背景：新加坡国立大学（生物医学工程系博士）
归国时间：2016年

履历简介：深圳市迈步机器人科技有限公司机器人总经理、创始人，深圳市孔雀团队带头人，深圳市孔雀计划人才，盐田区政协委员，2018福布斯中国U30创业精英。于2016年成立深圳市迈步机器人科技有限公司，从事医疗康复机器人相关的研发工作和管理工作。公司研发的外骨骼机器人填补了国内空白，独有的基于柔性驱动器的人机交互技术达到世界领先水平。在康复领域研发了一系列产品，包括手部康复机器人、基于跑台的康复机器人、TMS自主导航机器人等。公司已获包括联想创投、分享投资、四环医药、威高集团等知名投资机构在内的多轮融资，累积融资额近亿元。陈功博士发表了SCI/EI论文40余篇，引用超过1600次；申请和获得100余项发明专利、实用新型专利。

人这一辈子，一定要把有限的生命与有价值的资源结合，做一些对社会有意义的事。因为一个人的情感和激情是有限的，跟一群有价值的人，碰撞出有价值的思想，创造出有价值的产品，能让我们的精神长存。

陈博士是浙江金华人,新加坡国立大学生物医学工程系博士,毕业以后来深圳创业,做迈步机器人,这是一类帮助患者做医疗康复训练的机器人。陈博士带着梦想来到深圳,希望能在这里实现梦想。

有一次,我和留学生创业大厦的刘主任说,我想采访一位优秀的医疗科技类的海归博士,请刘主任给我推荐。刘主任二话没说,就去柜子上拿了一本创业手册,翻到内页,开始介绍陈功博士。他说这是一位80后优秀海归博士,从事的领域是医疗机器人。

本以为他是一位长相老成、木讷、不善于言辞的内向科学家,直至那天我见到了陈博士,才发现这是一位生于1989年的海归小帅哥。如果说大部分科学家都是衣着整洁、性格内向的话,陈博士则温暖柔和,看起来亲和力十足。

陈博士是浙江人,在上海念过书。在新加坡博士毕业以后,因为对上海有着美好的回忆,他本来考虑去上海,或者去杭州,可是最终却阴差阳错来了深圳。

"那当初为什么会考虑来深圳?"我好奇他的选择。

"我觉得是深圳对海归人才的吸引政策让我选择了这座城市。深圳的硬件电子行业非常强。与此相比,上海主要领域是生物医药,杭州的是互联网电商,而深圳的优势最大。我来了深圳之后,发现深圳的医疗器械领域发展竟然也很完善。"陈博士惊讶地说。

"那你们迈步机器人是针对残疾人的一种医疗设备吗?"我对这个领域不是很了解。

"不是针对残疾人,这是一个康复机器人,应用在康复医学领域。其实康复是非常大的范围。很多人因为疾病导致功能障碍和损失,所以需要机器人来辅助进行身体的康复。以前中国的康复事业非常落后，相比国外来说，不管是管理意识、水平、质量还是医疗器械等，都落后很多。在国外，医疗器械的辅助康复已经非常普及。但是在国内，大多还是人工辅助，还有些地方是徒手帮患者做康复。这是我们看到的市场的短板，我们希望通过康复机器人，让市场与国际接轨。"陈博士满怀希冀地告诉我。

"从我们的角度来看，把机器人技术用在康复上，辅助治疗效果是非常好的。因为人会累，机器人不会累啊。"陈博士笑了笑，看着我说。

"机器人不知疲倦，长期使用机器人可以减少人力资源的投入。并且使用机器人可以拆分患者的数据，帮助医生抓取到患者的真实情况。另外，现在医疗资源都向发达城市倾斜，很多二三线城市医疗发展水平不均衡，使用医疗机器人也可以解决这个问题，还能很快地提升医疗水平。"讲到专业领域，陈博士几乎停不下来。面对这位年仅33岁的海归博士，我非常欣赏和佩服他的专业和执着。

对自己的抠门与对研发的高投入

"我对自己还是挺抠门的。"陈博士笑了笑对我说。他穿着简单的polo衫、牛仔裤。他还经常骑自行车上下班，平时与同事出门拜访客户时，也大多选择乘地铁公交，极少打车。

陈博士的办公室完全没有奢华和铺张。办公室的布置一目了然，除了墙上悬挂着的一幅"迈步科技"的书法作品和一个简洁的书柜以外，基本没有什么装饰物。办公桌椅也极为朴实。

这样一位朴实无华的科学家，对科学研发的投入，却毫不吝啬。

"我们需要很多优秀的人才，只有招来足够优秀的人才，在科研攻关上才能够硬气。"陈博士看着我说。

创业这些年，尽管还没有规模性的经营产出，但是在科学研发上，陈博士一如既往地保持着高投入。他跟我说，目前，公司有一半以上的员工是机械设计、运动控制的研发人员。

这位年纪轻轻的海归博士告诉我，他们已经申请了108项专利、48项授权，这可是一项不小的成就。

"其实，我们做核心技术开发一直比较顺利，但是在完善用户体验时却碰到了很多困难，需要团队不断提高机器使用的舒适度，要进行反复修改。这个过程还是非常磨人的。"

创业就是一个不断成长的过程，从最初的"技术大牛"，到敏锐感知市场变化的产品经理，这需要心理状态的不断调整和个人能力的不断提升。

三分靠治疗，七分靠康复。康复是一门大学问，也是陈博士一直在研究的课题。

没有一夜成名，只有百炼成钢

有句话说，打败你的不是暴风雨，而是暴风雨带来的恐慌和混乱。在陈博士身上，完全看不到这种混乱。他有着超出同龄人的沉着和冷静。陈博士给我讲了一个故事，从新加坡归来的他，其实本来对这个行业也不是太了解，加上从来没有做过医疗产品，对医疗器械产品在中国的生产和临床应用没有什么经验。在产品的临床试验过程中，他以为产品生产出来了就可以卖了，实际上这个产品的方案怎么设计、法律法规如何界定，都没有任何参考，你只能按照自己的设想去进行。他虽然知道做这个行业需要申请医疗器械注册证，但是却不知道要做临床实验。本来计划2—3年可以拿到证，但如果做临床试验，整个计划又要延长1—2年。

这件事把他也吓出一身冷汗。如果早在研发的过程中就知道这个情况，可以早做预案，就可以做一些调整，不至于现在这么被动。不过事情发生了，焦虑郁闷也没有用，只能沉着冷静地去面对。

对于陈博士来说，情绪稳定是最大的优点。发生问题，面对它，然后解决它，继续向前，这就是陈博士的处世规则。他不会让自己特别沮丧，当然，顺境时也不会让自己过分开心。只有能控制情绪的人，才能把握好自己的人生。

2019年和2020年是资本的寒冬，很多企业进行大裁员，融资也非常困难。但陈博士从来没有想过要放弃。投资人问："陈博士，万一公司的人都走光了，你打算怎么办？"

"就算只剩下几个创始人，我也会继续做下去。我永远不会放弃。"陈博士信誓旦旦地说。

陈博士告诉我，这个世界变化太快了，我们一定要跟紧社会的节奏，不断地进步，不断地学习。在激烈变化的当今世界，左右你成功的不是你有多少知识，而是你能够多快地去学习，让自己变得更有竞争力。其实，这个世界没有稳定的职业，只有稳定的学习能力。

创业这条路上，有风有雨是常态，风雨无阻是心态，风雨兼程是状态。只有接受常态、保持心态、调整状态，才能走出一条属于自己的路。

梦想为舟，奋斗为桨，使命则是灯塔

"从长远来说，我希望能改变这个行业，甚至改变这个产业，我希望我们生产的迈步机器人对这个行业有贡献。"陈博士告诉我，他不仅仅是为了创业而创业，而是为了能优化行业、为行业创造价值、推动行业的进步。

"我觉得我现在遇到的最大困难，就是创始人的认知不够。

从一个决策者的角度来看，做出每一个决定，都要承担结果。相比之下，如果有人告诉你怎么做，那可能会更轻松。可是创始人往往要告诉别人该怎么做。同时，除了要考虑现在，还要考虑未来的发展。社会变化太快了，一定要对未来有合理的正确的预判，否则可能会有压根想象不到的事情发生。"陈博士感慨地说。虽然这些年创业还算顺利，但是他依旧感觉到自己身上的责任与重担，感觉创业的过程如履薄冰。

"深圳有很多刚回来的海归，你有什么建议给到他们吗？"作为一个33岁的优秀海归创业者，陈博士身上的闪光点很多。

"现在的海归家庭条件都比较好，我觉得我们要趁着自己年轻，做一番事业，要创造属于自己的一片天地。我们作为深圳的海归青年，一定要把深圳精神发扬光大，要提高深圳在国际上的地位。我们这一代人是很有情怀的，我们热切希望祖国能越来越强大，希望能更好地报效祖国。"

在陈博士身上，我看到了一份力量感。这份力量感来自他的学识、他的见识、他的经历和他的执着。在这个时代，别人不会因为你的外貌而尊重你，却会因为你内在的价值，以及为社会创造的贡献而欣赏你。

陈博士就是一位值得我欣赏的人！

倾听所有人的声音
勇敢做自己的决定

奋斗方向：做自己事业和人生的主人，清醒自知，勇敢选择

奋斗档案：文梦雅

年　　龄：29岁

专业领域：艺术设计

求学背景：美国纽约视觉艺术学院（平面设计专业）

归国时间：2015年

履历简介：被知名服装品牌邀请回国，曾担任过独立设计师，创立自己的独立设计工作室，服务过腾讯、富士康，与国内外多个深受年轻人喜爱的新兴消费品牌进行过合作。

Lily姐是我非常欣赏以及尊敬的一位姐姐，有一天她跟我说，她女儿回国了，希望能介绍给我认识。于是我们就约在一家餐厅一起吃饭。这是我第一次见到梦雅。梦雅是一位非常腼腆斯文的女孩。你不提问，她也不太会主动说话，安安静静地坐在那里，但她内心有份小小的执着与追求。

梦雅在美国学的是平面设计专业，她的设计被我们所有人喜欢。2016年我们第一次举办海归女性论坛。这个活动面向所有的海归女性。我们找了好多位设计师给我们设计主视觉，可是结果大家都不喜欢。我突然想到梦雅也是学设计的，又是美国海归，

她设计的主图应该符合我们的要求，于是请她帮帮忙。结果，一鸣惊人。她的设计，几乎没有任何可修改可挑剔的地方。就这样，这张设计图被我们用了五年，到现在，还是无人能超越。

梦雅告诉我，她六个月大的时候就随父母来深圳定居，小学、初中在深圳南山外国语学校，高中去了深圳国际交流学院。正是高中的生活，打开了她对艺术这个领域的认知及向往。从小梦雅就很喜欢做手工和画画，所以在高中就选择了艺术设计。那个时候老师问她，以后想学什么专业。以梦雅的条件，她可以读设计专业，也可以报考设计类的院校。于是，梦雅就报读了美国的艺术院校。

"你父母赞成你学艺术吗？"我很好奇。

"我爸爸希望我学金融，我妈妈要我学建筑。可是我就想学艺术。他们说他们的，我坚持我的。"梦雅笑着说，"我和我爸爸唯一一次吵架，就是选修专业的事情。他坚持要我学金融，可是我真的不喜欢。我对钱这种东西好像不是那么感兴趣，在高中的时候，商科我永远是挂科的，我对数字不敏感，这是我完全不擅长的领域。"

高中毕业以后，梦雅去了美国。她告诉我，她去了梦想的学校——纽约视觉艺术学院。这所学校的平面设计、动画电影等专业在全球都享有盛名。很多好莱坞的专业大师都是梦雅的校友。

"我当时在美国去了一家手工茶叶工作室实习，那是一个很有匠人精神的小小的工作室。他们的几个老板都是各行各业的精英，当然也有自由职业者。大家联合创立这个品牌，然后从全球各地区采集优质的茶。我感觉与他们一起工作挺有趣的。到了六点下班时间，他们就催我下班。工作氛围很轻松，也没有什么上下级概念，他们对我也没有很多要求。记得有一次，老板忘记跟我结算工资了，我也不好意思问，就这样过了很久。突然有一天，老板问我：'我是不是忘记支付你工资了？'我说是的，他说那我怎么不告诉他，我说我不好意思，他说这有什么不好意思的，我可以直接说呀。"梦雅说着说着，仿佛回到了美国的读书生活。

"你觉得出国的经历给你带来怎样的改变？"我好奇地问。

"我觉得出国让我真正地找到我自己，明白了我想做什么，我追求什么，我要什么。在读大学的时候，我们都是自己去创作项目。我们有非常大的空间去思考创作什么主题。哪怕是给你一些命题，你也要自己阅读资料，自己搜索信息。我们学校在纽约的曼哈顿，那是一个很繁华的地区，并且没有封闭式的校区和校园。所以，我经常上完这节课要穿过好几个街区去上另外一节课，就好像自己在打几份不同的工一样。"梦雅笑着告诉我。

"在国外读书，让我变得超级独立。我更加适应和习惯与自己相处。并且，我知道自己要什么，慢慢地建立了自我认知。"这可能是她最大的改变。

梦雅告诉我，她很怀念纽约。在那里，她每天都被新鲜的东西冲刷。街头艺人、在街口朗读独立宣言的人、派发传单的人，各种新鲜的人事物在你身旁穿过。

"我本身就是一个喜欢新鲜事物和体验不同生活的人。所以，这样的生活，让我觉得非常有趣。"怀念本身，是一件很有意义的事。

大家都认为好的，未必是适合你的

"在国外，我就是一个nobody，我在那里无依无靠，没有人认识我。我觉得自己挺渺小的。这种渺小反而让我感觉很自由。不像回到深圳，在深圳有着强大的朋友圈，兜兜转转就会有很多人认识你，你会很有包袱。"梦雅跟我描述着她的真实感受。

梦雅告诉我，在国外的青春生活，让她重塑了自己的内心。多元文化的交融，让她每天都生活在新鲜的空气中。

梦雅回国后，先是在一家服装企业做品牌视觉设计师。她是通过海外校园招聘引进深圳的高端人才。她说，在那家公司，老板和同事都非常好。当时公司也有很多海归，但后来遇到的问题是，新加入的海归无法和老一批的高层管理者沟通。梦雅属于人缘比较好也比较擅长沟通的人，她就尝试着去协调关系，可是发现这些矛盾很多都是不可调和的。海归同事容易对上面指派的任务决策有意见；可是领导自然也有他们的考量。大家意见不能达成一致。这些海归工作起来不能全身心投入，也会产生各种抱怨导致内耗加剧。

在那里工作了一年多，梦雅觉得进步的空间越来越少，对设计的创意越来越匮乏，相反各种事务性的挑战却与日俱增。于是，她在还没有想好下一步该去哪里的时候，就裸辞了。

梦雅的辞职受到了母亲的质疑。母亲认为这是非常好的一份工作，前景美好，薪水稳定，老板又厚待她。可是梦雅知道，这不是她想要的工作。她可以听任何人的建议，但是她的人生，只有她自己负全责。所以，听所有人的话，最后，做自己的决定。

之后，梦雅又和一位资深的设计专家合作，共同创立设计工作室。这份工作虽然也因为双方要去的方向不同而结束了，可是却圆了她的梦。梦雅告诉我，深圳是设计之都，她回来深圳，是希望能为这座城市做点事，希望这座美丽的城市能有她作品的影子。也正因为这次合作，她参与设计了深圳好几个大型的市政工程项目，比如深圳地铁、APEC工商论坛的主视觉创作等。作为一个"深二代"，她看着自己的作品在深圳的大街小巷中展示，是件让人无比激动的事。

天下没有不散的筵席，和这位前辈的合作告一段落后，梦雅开始独立创业。作为设计师的她，其实不懂商业。她有着对美的追求，对爱的理解，以及对灵魂的探索，唯独没有对做生意的认知。这份生意，注定是失败的，但是失败并不意味着完结。梦雅的人生，才刚刚开始。"我觉得创业的日子让我很痛苦，我被外界的标准绑住了。如果是我自己做独立设计师的话，我考虑的永远是如何让设计作品尽善尽美。可是作为创业者，你需要考虑时间成本、利益、人工、房租等。所以，我不是一个很好的创业者，但是是一个对美好生活很向往的设计师。"

青春就是试错，本钱就是青春。梦雅从大企业的设计师，到企业合伙人，再到独立创业者，经历了三个阶段，每个阶段都让她焕然一新。她说这个世界很特别，有的时候有点小小的抑郁，可是，谁又不是带着些小小的抑郁，在这个薄情的世界里，深情地活着。

清醒的自知，勇敢的选择，无悔的担当

我问她打算什么时候结婚，她告诉我随缘。因为对梦雅来说，从来没有该做什么事情、该爱什么人的年龄，只有想做什么事情、想爱什么人的心情。

"我追求的不是结婚本身，不是生育本身，而是好的人生。"梦雅对自己的人生从来没有怀疑过，她只是不喜欢被左右，不喜欢被卷。她希望能做自己事业的主人，做自己人生的主人。

经历了人生的好几个阶段，梦雅告诉我，她现在不再为他人而活，不再活在别人的标准里。当你活在别人的标准里，就会迷失在自己的心路上。

"那你未来打算做什么？"我很好奇她下一步的计划。

"我可能还是会坚持过自己喜欢的生活，选择我爱的事情，爱我选择的事情。我不会因为别人说什么，而去做什么。我要去

做我内心真正渴望的事情。"

　　什么是成熟？喜欢的东西依旧喜欢，但可以不拥有；害怕的东西依旧害怕，但可以面对。梦雅现在就是这样的状态。她告诉我，她允许自己和别人不一样。允许别人和自己不一样，就做到了包容；允许自己和别人不一样，就活出了自我。

　　梦雅说，重新开始让她很感觉自由。放下一切包袱，重新出发。其实，自由需要清醒的认知、勇敢的选择、无悔的担当。只有知道自己是谁，自己要什么，才能坚定脚下的路；只有保有内心那份勇敢，才能不畏将来，不惧过往；只有能为自己的生命负责任的人，才能成为自己人生的主人。

拥有持续学习力，音乐赋予生命力
从艺人到合伙人，美女海归只是幸运？

奋斗方向：持续的学习能力

奋斗档案：应嘉俐

年　　龄：29岁

专业领域：音乐

求学背景：美国亚利桑那大学（合唱指挥专业）→香港中文大学（音乐艺术硕士）

归国时间：2016年

履历简介：嘭心音乐联合创始人、主理人，唱作人，音乐制作人，腾讯音乐签约艺人；爆款单曲《那又如何》词曲作者及原唱，16岁发行该单曲，拥有破亿播放量；配唱制作火箭少女101徐梦洁单曲《等到明天再牵手》；作词及演唱腾讯游戏《梦想新大陆》主题曲《梦和梦之间》；QQ音乐×雪碧2021校园燥乐大赛特邀评委。

被喜欢不是幸运，而是实力

2017年我的第一本书出版，书名叫作《你必须精致，这是女人的尊严》。为了能更好地推广这本书，我想把书中的第一个故事拍成一部小电影，并担任这部电影的制片人。

这本书的受众群体是海归，我希望这个女主角能有海归背景。电影中有与外国人交流的片段，因此，希望她能说一口流利的英语。有几个镜头是女主角弹钢琴和唱歌的场景，所以她最好能有点声乐基础。最后，出于对电影发行的考虑，我还希望她长得好看一点儿、瘦一点儿。如此种种，我发现，很难找到这样的女孩儿。

正当我快绝望之际，海归协会音乐俱乐部的负责人告诉我，他有一个搭档，是1993年的美国海归，在深圳一所国际学校教音乐，并且形象气质都很不错，让我见一见。我和导演就安排了一个面试。看到她的第一眼，我们就决定选择她，感觉这个角色是为她量身定做的。

她的名字叫应嘉俐。在我眼中，她是一个完美的女生，是一个走到哪里都受欢迎、被人喜欢的女生。她年轻，漂亮，音乐背景又强，还很勤奋。但是，嘉俐告诉我，她的音乐之路，并没有得到家里的任何帮助。她是完完全全为了自己的梦想，靠自己的努力追梦的一个女孩。

我问嘉俐："为什么会选择音乐？"

"我的爷爷是音乐老师，钢琴、二胡、小提琴样样都会，并且都演奏得很好。后来我父亲也喜欢音乐，会很多乐器。所以，小时候的我，对音乐就很感兴趣。记得在高二的时候，我就很希望能从事音乐行业。我的梦想是开一家经纪公司。于是我问父亲：'爸，咱家有啥家业让我继承的吗？'父亲说没有。我说如果没有的话，那我就出国学音乐了。"

就这样，嘉俐踏上了去美国的旅程，开始了自己的音乐求学之路。她说后来父亲告诉她，之所以说家里没有家业让她继承，是因为不希望她太累。父亲希望年轻的嘉俐能追求自己的梦想，活得轻松快乐。

小时候的嘉俐算是个富家女，家境殷实。可是她在美国读大一的时候，家庭发生变故，家道突然中落。那个时候，母亲还得了白血病，这对于十几岁的她来说，是莫大的打击。她需要接受父亲事业的失败，还要照顾病重的妈妈。

嘉俐说，那段时光应该是她生命中最痛苦难过的日子，她的人生突然从山顶跌到谷底。后来，她慢慢地接受了、适应了，然后调整心态，勇敢地面对未来的生活。成长往往是一瞬间发生的事。

嘉俐是一个十分漂亮的女孩，她漂亮的脸蛋带着几分勇敢。其实，不是因为她勇敢，而是勇敢之外，那张脸没有一点被生活辜负的样子。

嘉俐就读于美国亚利桑那大学，学的是合唱指挥专业。这个学校的音乐专业在美国排名前三十。一开始，她学的是作曲专业。本来以为到美国可以学流行音乐的作曲，可是她去了才知道，学的是交响乐作曲。学了两年，她实在学不下去了，在老师的建议下，转到合唱指挥专业。合唱指挥是一门很有趣的学科，要想学好，你必须学所有的乐器，还要学作曲、乐理、音乐史等等。换句话说，把合唱指挥学好了，在音乐各个方面，你就全能了。

中国合唱指挥专业还在发展中，甚至连乐谱储备都没有。因此，嘉俐渐渐知道自己的稀缺性。作为一名可以用双语教学，并且在美国学的专业是合唱指挥的老师，嘉俐被深圳贝赛思国际学校邀请回国。其实，即使是贝赛思的外籍老师们，也有很多不懂什么是合唱指挥。

有一次，一位外籍人文老师问嘉俐："Lilian，你每个礼拜备课需不需要一个小时？"

嘉俐惊讶地回答："我每天备课都需要两个小时。"

"你会读五线谱吗？"嘉俐问。

"我不会，我只知道怎么唱歌好听。"那位老师回答。

嘉俐终于发现，她学的专业是稀缺专业，而对合唱指挥的学习，让嘉俐的音乐素养得到了全面提升。如果说以前她只是会唱歌、会写歌，那么现在的她已经对音乐有了全盘的了解。做合唱指挥的前提就是，你需要对音乐有个整体的认识。

学习合唱指挥，让嘉俐打下了坚实的音乐基础，并且为她后来成为资深音乐人，做了完美的铺垫。

持续学习的能力，是王牌

学历是纸牌，经历是铜牌，本领是银牌，持续性赚钱能力是金牌，持续性学习能力是王牌。2017年，嘉俐决定做原创音乐。但是她在国外学的是合唱指挥，来深圳后是在学校教书，那么，要想做原创音乐，她还需要系统地学习。于是，她决定在做原创音乐之前，先去香港读研，去读一个音乐艺术硕士。她需要专业技能的提升，需要人脉，需要重新回到音乐行业。

2019年硕士毕业后，她签约了一家经纪公司。刚开始，她是这家经纪公司的艺人。嘉俐知道，她不想只做一个艺人。艺人也好，歌手也好，都是受人摆布的棋子。她可不要做棋子，她要做公司的合伙人。

于是，她跟老板说："老板，我想做公司的合伙人。"老板说："那你要自己承包一个小的项目，如果能完成这个项目，我就考虑你的提议。"

这个项目的标的是六十万。幸运的是，嘉俐完成了。就这样，她成了索卡文化的合伙人。她告诉我，她们公司一共有五个合伙人，她是唯一一个由艺人转成股东的合伙人。她能成为公司合伙人，还有一个很重要的因素：她是腾讯的签约音乐人。

嘉俐喜欢音乐，唱歌好听。其实，在16岁的时候，她已经把音乐才华完美展示出来了。16岁的她，已经出了人生中第一张专辑，并且得到很多粉丝的青睐。只是她知道，做歌手和网红，不是她人生的宿命，她要做一个全方面发展的音乐人。于是，她选择出国留学，毕业后去学校工作，之后又去香港深造，待一切准备就绪，才回到音乐圈。

音乐圈也是一个念旧的地方，只要你有实力，这里随时都是你的主场。回归后的嘉俐在腾讯音乐上发布了一首歌曲，很快得到官方的认可。腾讯音乐立马联系嘉俐，希望签她做签约歌手。并且，腾讯作为嘉俐的天使投资人，支持她创作歌曲。她负责创作和唱歌，腾讯负责推广和流量。

背靠腾讯这棵大树，嘉俐收获了很多资源。她越来越热爱音乐，她越发觉得，自己就是为音乐而生。这个世界上唯一扛得住岁月摧残的，就是你的才华。只要你有才华在，时间一定不会辜负你。对于嘉俐来说，或许名气会迟到，但是，它从来不会缺席。

做一个全方位发展的音乐人

嘉俐说，她的梦想就是成为一个全面发展的音乐人。为了解释全面发展，她给我举了一个例子。比如说，一首歌的制作，从最初的作词、作曲到编曲录音，到找歌手、混音、制作母带，然后到发行和推广，其中每一个环节，都需要一个专业的人才来完成。

可是现在的痛点是，会唱歌的人不会做推广，会推广的人不会唱歌。就好像，一个导演如果没有做演员的经验，他就无法成为一个真正的好导演。

嘉俐小的时候就喜欢唱歌和乐器，出国后，她学习合唱指挥，这奠定了她的音乐基础，让她对音乐有了全盘的考虑。回国后，她又去当了两年老师，加深了她对音乐的认识和走音乐之路的决心。再之后她又去进修音乐管理，有了更强的掌握音乐的智慧和能力。然后，她再次回到音乐大本营，回到16岁梦想的原点。但此时的嘉俐已经不是16岁的嘉俐。虽然她唱的歌曲还是如此动听，但此时的她，已经完成了人生的蜕变，知道自己想要什么，并且参与这其中的每一个过程。

嘉俐说："很多人做音乐都是从零到一，可是从一到一百，谁去做呢？我就要做那个从零到一，同时，又能从一到一百的人。"

她不满足于只做一个全方位发展的音乐人，她还要培养接班人。嘉俐在各大高校的歌唱比赛中寻找好的苗子。我问："你认为怎样的人是好的苗子？"

她告诉我："首先，我选择的都是各大高校歌唱比赛的冠军。其次，我还会观察他们是否热衷于社团活动，是否会团结人，是否有解决问题的能力。最后，我会看他们有没有从事音乐以外的其他工作，比如编曲、录音、广告拍摄或者网红等。我希望他们能具备除了唱歌以外的其他技能。如果这些条件都满足，我就签他们为艺人。"

就这样，嘉俐已经签了五个艺人，这些都是她要培养的接班人。

她说，她就是要让世界知道，做音乐的人，不是只会做音乐，我们还会英语，还会乐理，还会传播，还会推广，还会管理。我们都是未来人工智能无法取代的优秀的人。

提到人工智能，嘉俐告诉我，未来音乐行业的发展，一定会趋向于音乐与科技的结合。现在音乐的推广，都是交给人工智能来做的。她们编曲的选择，也都是交给AI。AI能疯狂地捕捉到人们的喜好，并且会精准地把歌曲投放到有需要的人群和市场。虽然目前AI还不具备编曲的功能，但是未来总有一天会实现。现在已经不是唱片公司的时代了，而是科技公司的时代。

音乐都在进步，音乐人不是也应该进步吗？

不是所有人都真的想回到十八岁，只是不希望失去十八岁的梦想与勇气；也不是所有人都害怕老去，只是害怕在自己老去的时候还没有活成自己想要的样子。嘉俐已经逐渐成长为她想要的样子。我当初认识的她，稚嫩，青春，勇敢中散发着艺术的美好。而现在的她，成熟，执着，知道自己所要，并且更加勇敢。这种勇敢，让我看到了她对音乐的热爱、她对全面音乐人的追求。她说，她要让全世界知道，做一个全面发展的音乐人，可以改变这个行业，甚至影响这个世界。

看着她的改变，我只想说，这个世界从来没有一蹴而就的成功，有的只是百炼成钢。

学到德国人的固执和严谨
"男神"宁愿损失百万,也不让化妆品牌掉价

奋斗方向: 绝不急功近利

奋斗档案: 王嘉逸

年　　龄: 44岁

专业领域: 美丽时尚大健康

求学背景: 青岛大学→德国乌尔姆大学→长江商学院("资本×商业"班)→知行丝路研究院→长江商学院("CEO"班)

归国时间: 2016年

履历简介: 2008年创立德国亚森有限公司,自主研发创立德国欧娅诗OJESH品牌。2015年创立香港亚森集团有限公司,2016年创立深圳亚森金元科技有限公司,2018年创立新加坡亚森控股,2020年创立欧娅诗杭州分公司,2021年创立欧娅诗巴黎分公司。担任德国纽伦堡华商协会执行会长,先后赞助了亚森杯华人足球赛、斯图加特华人歌唱比赛、亚森杯华人篮球赛、纽伦堡华人春节联欢晚会等大型华人活动。2019年带领深圳交响乐团走进德国,在马丁·路德大教堂演奏《我的祖国》,得到纽伦堡市市长及埃尔朗根国际关系局局长得赫女士的热情接待。

一个受欢迎的人,无非具备以下几种条件:有德、有料、有用、有颜、有趣。王嘉逸就符合以上五个标准。首先,他是我朋友圈中少有的心态很佛系的企业家。这种佛系,在他为人处世的原则上体现得淋漓尽致。其次,他还很有料。他创立的德国原装原厂涂抹式玻尿酸品牌在海归圈和高端人群中广受欢迎。和他做

朋友，应该有点用，起码可以让女士们变美。然后，他还不是枯燥的海归博士，而是非常幽默的企业家。有一次我问他："你觉得你的缺点是什么？"他想了想，抬头仰望天空沉思，又看看地板，然后故作深沉地对我说："长得太帅又太有才华了。"我们都被他逗笑了。

"我很好奇，你一个优秀的海归精英，怎么会去做化妆品？"这实在令人匪夷所思。

"因为我在德国找不到工作，于是只能创业做化妆品了。"他笑了笑说。他是一个幽默且佛系的人，不管遇到什么事，都是风轻云淡的，不急功近利，不急于求成，很多时候让人怀疑，他是真的在做企业吗？

可是人家真的是在做企业，而且企业还做得很好，并且他一次又一次地打破我对他的认知。记得第一次见他的时候，当时深圳市海归协会在洲际酒店举办理事会，他正好在隔壁的宴会厅举办年会。那一天，他需要到我们理事会现场做一个自我介绍，正式加入我们。开理事会通常对着装没有要求，大部分小伙伴都穿得比较休闲，我们也比较习惯大家这种轻松休闲的打扮。突然，只见他西装笔挺，打着领结，穿着燕尾服，款款大方地走进我们的会议室，大家突然齐刷刷地望着他：这一身新郎的装扮，难道是要结婚吗？他好不尴尬地对大家说："大家好，我叫王嘉逸，不好意思啊，我们在隔壁宴会厅举办年会，所以打扮得有点正式。今天不是我结婚啊，你们不要误会了。"顿时，全场笑翻了。

渐渐地，我和他也熟悉起来了。我们协会举办大型聚会，王嘉逸是我们的赞助商，活动现场搭了一个大型的欧娅诗玻尿酸化妆品的展台，吸引了很多人的目光。但是他却是一如既往地低调与佛系。我凑过去说："你向别人推广一下产品，别只是站着啊。"我都开始替他着急。他依旧不紧不慢地说："没事没事，顺其自然。"

他就是这样：对过程全力以赴，对结果顺其自然，仿佛在告诉别人：不争，也有属于我的世界。

欧娅诗玻尿酸，是德国生产的产品，2008年就投入制造，2010年研发成功，因为涉及报关以及跨境审批等问题，直至2017年才拿到所有的手续批文开始销售。这七年，王嘉逸没有做任何的销售，全靠个人力量支撑着企业的运营。他是从德国毕业的海归，他骨子里有着德国人的固执和严谨。与其他化妆品品牌不同，欧娅诗不急功近利，愿意做时间的朋友。很多化妆品品牌从研发到销售，也许只历时一个月就投入市场卖到消费者手上。可是，欧娅诗却经历了七年。他们不断地做调试，不断地打磨配方，一定要等产品最优质了，全部手续齐全了，才会投入市场，才让消费者放心使用。

销售是企业的核心，一般的企业，都会按照销售的业绩划分销售目标，这是再正常不过的事儿。可是王嘉逸并不认同，在他眼里，这样做丧失了对品牌的诠释。

"我要的不是赚快钱，我要做一个有生命力的品牌。我希望欧娅诗能成为全球千万女性所需要的品牌。在我看来，要做好一个有影响力的品牌，首先，产品要好。其次，不能做破坏市场的行为，也不能扰乱市场随便打折促销。"王嘉逸对品牌的认知非常高，他是一个很坚定的人，坚定中透露着一些固执。正因为对品牌理念的坚持，欧娅诗曾面临巨大损失。2019年，欧娅诗进驻全球化妆品销量最高的韩国乐天免税店。他们的位置在七楼，在爱马仕旁边。当时，欧娅诗和爱马仕的销量都非常不错。可是疫情来袭，所有的免税店销量都下滑。韩国乐天免税店要求所有品牌的化妆品都降价打折促销，以拉动销售。全免税店的品牌都配合商家，打折促销，只有两个品牌不同意，那就是爱马仕和欧娅

第二章　逆袭人生

诗。最后的结果是，欧娅诗被迫撤柜，一百万的货物，全部在韩国海关被销毁了。

"真的销毁了吗？"我很心疼这一百万的产品。

"那当然，全部在海关销毁。"在王嘉逸看来，即使面临巨大经济损失，也不打折，不促销，不伤害品牌，这样才能保护代理商和消费者的权利，才能孵化出一个真正有生命力的国际化品牌。

品牌影响力就是你的实力

很多人说自己的品牌好，其实，品牌的好坏不是自己说了算，而是取决于别人对它的评价。2018年底，我和王嘉逸一起去杭州出差。他说他在杭州有很多代理商，并且都是美女。对这句话我将信将疑，大家都说自己身边很多美女，可是哪里来的那么多美女？抵达当晚，王嘉逸说他的几个核心代理商要请吃饭，邀请我一起。于是我如期赴约。一进入餐厅，我发现王嘉逸没有骗我，真的是很多美女，一桌人，18个女孩子，只有王嘉逸一位男士。大家亲切地称呼他为大王，仿佛把他宠上了天。我顿时对他尊敬起来，一个性格有些腼腆，偏执，木讷，不太善于言辞的海归男，竟然是这么多女性的男神"白月光"。我突然对他高看两眼。

王嘉逸对产品品质把控的严谨，可以从他的客户上体现出来。曾经有一个非常挑剔的杭州客户，在一个高端美容院里接触了欧娅诗玻尿酸。她对产品的要求比较高，起初她认为这是一个不靠谱的山寨产品，于是提出各种质疑。她把这个产品送去了质量检测机关做检查，并且聘请了第三方商业调查机构来调查王嘉逸的公司。结果让她十分意外，不论从产品品质还是公司运营的角度看，这都是一家合法合规的企业。之后，她主动联系王嘉逸，希望能成为他的合作伙伴。如今，这位曾不屑于欧娅诗的女士已经成为这个品牌在浙江省销量排名前五的合作伙伴。

除了普通人，很多女明星刚开始也质疑欧娅诗玻尿酸，觉得这是普通的常规化妆品。可是在使用了之后，不少女明星也逐渐成为欧娅诗的核心死忠粉。正如王嘉逸所说："你有你的选择，我有我的坚持，但是，选择我，你一定不会遗憾！"

利他才能更好地利己

人生，归根到底追求两件事：快乐和成功。快乐是在爱和被爱的过程中得到的；成功是通过努力为他人营造价值实现的。王嘉逸的哲学观就是要裨益身边的人，让身边的人受益，让身边的人赚到钱，这样才是真正地裨益自己。

用下属的话来形容他：我无法给你好的结局，但我可以给你更好的格局。王嘉逸对同事们的态度，大大打开了他们的格局。欧娅诗的副总裁跟我说，他眼中的王总，未必是一个好老板，却是一位优秀的企业家。他没有一般生意人的特点，因为他不功利。别的老板都以盈利为目的，可是王嘉逸却更关心下属是否有收益、是否有成长，代理商是否在物质和精神上都感到愉悦。后来他们才发现，正是王嘉逸的这种企业家精神、这种对品牌的坚持和执着，才使得欧娅诗这个品牌更具吸引力和生命力。也正是他的这种态度，让下属觉得，他真的是有格局有眼界的好上司！

王嘉逸说，他对自己赚多少钱真的不在意，他更加在意的是跟他一起奋斗的小伙伴们是否能赚到钱、是否能实现人生的价值。他见到代理商都会问她们：最近怎么样？生活开心吗？经济收入还好吗？他希望通过欧娅诗，让更多的女性活出自我，在收获爱情的同时也能收获事业。

在王嘉逸身上，我看到了他对大家的爱：用产品品质维护对客户的爱，用利他之心维系对团队的爱，用成就之心传递对社会的爱。王嘉逸就是这样一个有爱的人。而爱，是一切的答案！

第三章 顺利归来

CHAPTER 3

央企通信行业一干十年
因为疫情找到工作成就感

奋斗方向：沉下心来，做时间的朋友

奋斗档案：王莹圆媛

年　　龄：35岁

求学背景：重庆邮电大学（通信工程学士）→英国伦敦南岸大学（通信与计算机网络工程硕士）

归国时间：2012年

履历简介：1988年3月出生于新疆乌鲁木齐市，是"疆三代"。18岁考入重庆邮电大学通信工程专业，并于2010年申请硕士，前往英国伦敦求学。研究生毕业后于2012年通过校园招聘加入深圳联通工作，入职后从事人力资源工作八年，于2020年参加公司管理干部竞聘并被任用，现带领团队从事销售业务支撑工作。

选择深圳是因为离香港近

和圆媛的认识过程非常有趣。有一年我前往新疆考察，结识了一位新疆朋友，他告诉我，他女儿在深圳，而且也是海归，希望能加入我们这个组织，融入集体。我很爽快地答应了。

王莹圆媛是长得斯斯文文、五官非常端正的在新疆长大的汉族女孩。她个子很高，笑起来很甜美，性格很温柔，也很随和。我和圆媛就这样有了初步的交集。如果用一句话来形容她，那就

是：亲和力很强。

逢年过节，圆媛都会联系我，说她从新疆带回来一些干果，希望能让我品尝。刚开始，我以为这是大家初次认识时的一种礼仪和客气。可是圆媛这样的"礼仪和客气"，坚持了六年。从2017年认识她到现在，已经过了六年，这期间我们见面并不多，但是她依旧记得我，而且每次都是第一时间让我品尝到最新鲜的新疆食品。我可以感觉到这个女孩内心最真诚的善意和可爱。

圆媛是1988年出生的，在中国联通工作了十年。她大学就读于重庆邮电大学，学的是通信工程专业。快毕业的时候，她开始纠结到底是就业还是考学。经过一番思想挣扎，她最终决定出国读研究生。可是去哪里呢，这是一个需要深思熟虑的问题。圆媛的奶奶和叔叔都在澳大利亚，她去澳大利亚可能更加合适。可是基于对所读专业的考虑，她后来选择去英国伦敦，在伦敦南岸大学继续攻读通信专业。

伦敦是一座浪漫的城市。在伦敦，圆媛不但完成了学业，还收获了爱情。在重庆读书的师哥和她一起去了英国读书，他们学习的是同一个专业。这样的两个人也算是"青梅竹马""两小无猜"了。毕业之后，圆媛开始思考，到底是回国还是继续留在英国深造。当时圆媛的先生已经在华为英国分公司工作，但是也有可能随时调回国内。国外的发展虽然好，但他们还是希望能报效祖国。于是，两个人经过一番沟通，决定回国。既然要回来，那肯定要去一线城市了。最后，他们选择了深圳。

我很好奇："为什么你们会选择深圳？"其实，有很多海外留学生会选择去北京和上海。记得以前带海归团出国考察，每次到海外留学生聚集的地方，我都会问留学生们毕业以后想去哪里。大多数海外留学生的首选是上海，第二选择是北京。深圳是他们听过但是没有去过的地方。在那些年，很少会有留学生想来深圳，除非"深二代"。

圆媛的回答让我又好笑又怀念。因为，这是很多80后海归对深圳的认知。"我们选择来深圳，纯粹因为深圳离香港近。"圆媛告诉我。

圆媛的先生在华为英国分公司工作，华为的大本营在深圳。于是，他们就选择了离国际化大都市香港最近的深圳。

"那在深圳的这十年，你感觉到变化了吗？"我好奇地问。

"变化太大了，我觉得当初做了一个正确的决定。"她笑着回答我。

量变才会有质变

"你为什么会选择在联通工作？"以圆媛的条件，我觉得她可以去任何一家大企业。

"因为我学的是通信专业，在国外的时候，我就向深圳联通投了简历，之后就顺利进入联通做人力资源工作。我在这个岗位上一直做了七八年，现在去了销售部门做管理，主要工作是支撑销售部门，给他们做服务。"圆媛说。

"你喜欢现在的工作吗？"我很好奇在央企工作十年的海归妹妹是如何看待自己的工作的。

"谈不上喜欢，但是我很满足，也很认可。在工作了四五年的时候，我很多同学选择换行业，有的去做金融，有的做市场咨询，其实那个时候我也蛮焦虑的。我看他们换行业以后薪酬涨了很多。当时我也开始犹豫，我在思考要不要继续在这里发展。思来想去，最后还是决定坚定地留下来，央企的发展性和稳定性还是很强的。我觉得我当初的坚持太对了。"她感慨。

"可能对很多海归来说，他们会去外资企业或者'大厂'。其实，我自从调整到管理岗以后，对业务有了更深刻的了解。中国联通真的不是简单卖个手机卡、拉个宽带等。我们对国家建设，尤其这几年对防疫工作，真的贡献了巨大的力量。央企有着非常强的社会责任感，这是普通企业不能比的。比如说，北京冬奥会，我们就是独家通信保障单位。"

圆媛还跟我说："尤其是经历过这次疫情，我更加了解到联通作为国家队通信运营商的重要性。我们不仅仅是在工作，更是在为社会作贡献。疫情期间，我们公司各个部门都在忙碌着，社会停，但是通讯不能停。通讯是基础保障。我和我的团队都一直在工作。比如说疫情期间很多社区的电子哨兵，就是我们安装布置的。来到了央企才发现原来我们是有使命感的，这一点真的和私企外企不一样。他们可能是经济驱动更强，而我们更多的是责任驱动。"圆媛说到这里，眼中星光闪闪，从中看得出她对工作的尊重、对祖国的热爱。

圆媛说，之前有一个学弟也来联通上班，那个男孩子工作还不到一年，就想辞职换赛道。圆媛告诉他积累很重要，年轻人要先打基础。现在很多年轻人都沉不下心来，在一个岗位上如果没有做够足够的年限、足够的积累，就不会有质的改变。量变到质变，需要时间。无论是工作经验还是人脉，都需要一定的时间才能积累，短期内是不可能有成效的。起码要两三年才能看透这个行业。如果选择到国企或者央企，一定需要沉下心来，要做时间的朋友。

人生的岔路口太多，可以左拐、右转，但一定不要忘了直行，因为直行才能更快地到达终点。在本该吃苦的年纪选择绕行，走了远路，虚度了时光，才是人生最大的遗憾。

希望孩子成为"深二代"

"你的梦想是什么?"我很好奇这样听话乖巧、按部就班的女孩子,是否有远大的理想。

"我可能没有太多的梦想,从小到大,我都很尊重父母的意见和想法。在父母心中,我是乖乖女,没有走太多的弯路。我人生中很多决定,也是征求了父母的意见才下决心的。所以,我梦想之一就是父母身体健康,希望能多见到父母。同时,我希望能带给父母快乐,带给下一代快乐。有的时候我真的很感谢父母,他们也会唠叨,叮嘱我快点生小孩,我会说,在深圳养孩子压力太大了,成本太高了。他们就说,我不一定要给自己这么大压力啊,只要健康快乐就好了。"

圆媛告诉我,她挺羡慕"深二代"的,因为"深二代"不需要做太多的抉择,比如过年是否要回老家看父母,是回先生家还是太太家。而且,每当想父母了,随时都可以回去,不用考虑距离和路程的问题。她也很羡慕那些回到了新疆的同学,他们虽然年轻的时候去了北京、上海发展,但最终还是回到了新疆,回到了父母身边。圆媛说,其实在父母身边挺好的,可以经常见见父母,还可以照顾父母。

圆媛感慨:"现在下班了,我都是自己一个人回家。我先生这两年被派到德国工作。回到家的自己,内心也有些孤独。有的时候特别想念父母,如果自己是'深二代',那就不会有这种孤寂感了,我就可以随时回去看望父母了。"

自己没有机会成为"深二代",但圆媛说,她会努力让自己的孩子成为"深二代"。现在努力奋斗,是为了孩子能有更好的生活条件,让孩子在深圳安家,变成真正意义上的"深圳人"。

这是现在圆媛的梦想。

很多人希望有钱有房有车有权有名,可是圆媛的愿望就非常简单。她希望家人身体无病痛，心灵无烦忧，并且希望能时常陪伴在家人身边。

圆媛告诉我，新疆是她的故乡。对她长大的地方，她有着深厚的感情，毕竟在那里生活了十八年。可是深圳是她的第二个家乡，在深圳待了十年的她，有了家的感觉。

"你给深圳这座城市打几分？"我笑着问她。

"打九分。我之前还挺喜欢上海的，喜欢上海的格调和氛围感。可是在深圳待的这些年，我发现深圳越来越国际化，越来越与时俱进。特别是经历疫情后，我看到了深圳政府的管理能力，我对这座城市，特别有信心。在这里，我有归属感，我也希望我的下一代能在这个城市有归属感。"她说深圳让她感觉很安全。

我们会遇到大欢喜、小悲伤，在人山人海中，不断重塑自己的价值观。而圆媛的价值观却从来没有变过，在她心中，父母身体健康，家庭和睦幸福，共同留在这个美丽的大深圳并贡献着自己的力量，就是她的价值观！

从艺术家到企业家，音乐天才诠释比你勤奋的人还更有方向

奋斗方向：放纵的皮囊千篇一律，自律的习惯万里挑一

奋斗档案：张传昊

年　　龄：30岁

专业领域：音乐

求学背景：美国鲍灵格林州立大学（硕士）→香港中文大学（作曲专业博士）

归国时间：2018年

履历简介：曾在世界各地学习古典吉他、作曲、指挥，后在香港中文大学音乐系作曲专业获得博士学位，毕业后留校任教。在教学中，通过对音乐学院乐团、演奏家和从业人员等的访谈调研，洞察到乐器配件市场缺乏优质国产品牌，2021年走访珠三角各类乐器制造工厂以及深圳几十家工业设计公司，并自学三维设计软件，经过层层努力，最终构建产品雏形，确立以"模块化设计"为核心的产品理念，创立"慢阶"音乐产品品牌。

　　玲玲听说我在写"深圳海归"故事，跟我说她有一个人要推荐：90后，海归，博士，企业家，曾留学美国；明明可以靠颜值，可偏偏要靠努力。这个人是她的"男神"，据说长得帅，还不是那种普通帅，是超级无敌帅。可这都还不是重点，重点是，这位海归博士还在创业，事业做得很不错。海归，博士，大学老

师，创业，听起来，这个人物应该四十好几了。可是，人家是92年的。

玲玲说，张博士的脑子很好用，人也特别温暖。因为是玲玲的"男神"，我特意安排了一个时间去拜访他。第一次见到传昊是在他办公室，在香港中文大学深圳研究生院大楼。这是一个斯斯文文、干干净净的男孩子，斯文中还有一丝腼腆。可能因为以为我是来给他做专访的，所以他有些局促。我告诉他，我们只是聊聊天就好。我的写作方式和别人不一样，我不会写那种文绉绉的东西，我只会写走心的文章。渐渐地，他放下了紧张。

传昊在美国读完硕士后，就去了香港读博士，主攻音乐创作专业。他告诉我，他小时候学的是古典吉他。他小学六年级就去四川音乐学院学吉他了。我问他为什么会选择吉他，他说没有为什么，就是觉得弹吉他很帅。小的时候，父亲曾经让他去拉二胡，他不愿意，他要选择一个拉风的专业。于是就选择了吉他。由于当时他还在念小学，老师建议先从古典吉他开始，这样可以练习童子功。他听从老师的建议，一直学到现在。我很好奇古典吉他和现代吉他有啥区别。传昊告诉我，弦不一样，演奏的歌曲也不一样。古典吉他演奏的是传统的欧洲乐曲，现代吉他演奏的是流行乐曲。

我很好奇，这样一个从中学到大学到硕士到博士都拿全额奖学金的天才，是怎样炼成的？这根本就是"别人家的孩子"啊。后来才发现，积千累万，不如养个好习惯。传昊是一个极端自律的人。优秀的人不一定自律，但是自律的人通常都很优秀。而他自律的习惯不是天生的，是被老师逼的。

传昊以专业课第一的成绩考上了四川音乐学院附中，那个时候他才初一。从初一到高三，他特别感谢当时的一位徐教授。正是这位教授严厉的教导，让他养成了良好的习惯。

好习惯会使人受益终生。

那个时候的他才十二岁，十二岁的男孩子正是不谙世事、调皮捣蛋的时候。作为空降的吉他学生，虽然他的起点没有其他同学高，却动不动拿第一。这种天赋被一位徐老师看见了。徐老师特别喜欢他，觉得他很有天赋，于是跟他说："你跟着我学吉他吧，我不收你钱，你只要每天早上帮我遛狗就好。你每天来我家练习，我教你。"

孤身一人在成都的他，觉得有人愿意培养他，这是好事啊，于是他答应了。没想到这是一个很大的"坑"。本来以为每天只练四五个小时就好了。结果，是每天只能睡四五个小时，其他时间全部用来练吉他。早上八点起来，就需要在教授的琴房练吉他，中午教授做了简单的面条，匆匆吃完，下午又得接着练。晚上教授会来检查，练得好，就可以回家；如果练得不好，那今晚别想走了，练通宵吧。

当时的他特别生气，也很反叛。他觉得这个四十岁的单身教授简直是神经病，真是偏执的中年古董艺术家。徐教授也许是把他全部的希望都寄托在传昊身上，希望培养出一个天才吧。可那个时候的传昊也没有其他选择，自己已经答应了教授要跟他学吉他，只能咬牙坚持下去。这一坚持，就是四五年。

没想到就是这个被逼迫的行为，让他养成了走出舒适区、刻苦练习的习惯。不论是弹吉他，还是后来为了考托福学英语，还是创作音乐，直至现在努力工作，他始终心无旁骛，全神贯注，专心致志。

传昊告诉我，他高三从古典吉他专业转系去了作曲系，跟着一位叫敖翔的年轻作曲老师学习音乐创作，一开始就是从零学起，从最基本的画五线谱、画高音谱号开始学习。后来他大一进了作曲系，敖翔老师把传昊介绍给了他父亲——四川音乐学院的第五任院长敖昌群教授。院长快要退休了，但是在他儿子的力荐之下，还是见了传昊。本以为这位老院长不可能收他这样的作曲系新人，结果在大一正式入学的时候，老院长说："你在申请表上就写我的名字（作为大学的导师）。"随后传昊也成为这位老院长的关门弟子。从古典吉他专业的第一名，到作曲系的新兵，其实他内心经历过一个很长阶段的落差。因为以前都是他教别人，现在却从头开始学习新的专业。但为了不让老院长失望，从大一入学开始，他无时无刻不在学习和创作。从大二开始，他又成为作曲系的第一名，一直到大学毕业都是作曲系的国家一等奖学金获得者。

传昊说，好习惯真的重塑了他。他决定要出国读书的时候，专业课全校排名第一，可是英文单词量只有五百个。别说考托福了，连基本的主谓宾都搞不清楚。但是，他决定要出国，这一切都难不倒他。他计划用一年的时间攻破英文，就像当初练吉他、学作曲一样。于是，他起早贪黑，每天坚持学英语，坚持了八个月，参加了托福考试，考了79分。这个时候，美国学校已经给出了全额奖学金了，但是国家公派出国的分数是85分。他不放弃，又坚持学了两个月，再一次参加考试，考了86分，比国家公派出国的分数还高了一分。就这样，他拿到了国家提供的全额出国奖学金，带着自己对音乐的梦想，踏上了去往异乡的旅途。

每一次惊艳众人的背后，都是深入骨髓的自律。传昊并不觉得自律很痛苦，因为这已经成了他的习惯。他甚至不觉得那段时光痛苦，因为，倘若你现在成功地绕过痛苦，未来必将痛苦地绕过成功。

读万卷书不如行万里路，行万里路不如名师指路

传昊说，对他人生影响最大的是两位美国的老师。还在四川音乐学院读书的时候，他已经是专业课第一名，拿了全额奖学金，并且出了专辑，参加了全球各种比赛，俨然是学校里的佼佼者。这一天，学校来了两位音乐艺术家。他们的艺术表现形式，让传昊大开眼界，原来艺术竟然如此地深奥及迷人。

一位个子矮矮的瘦瘦的女教授Marilyn，年龄有些大了，但始终保持着活力。她在台上给学生们讲解作品，状态非常好。但是她的讲解，传昊一个字也听不懂。首先他不懂英语；其次，她的表达非常生动，生动得让你不知道她在说什么，只知道在表达艺术。这种表达方式让传昊很诧异，因为他看不到任何乐器的展现，只看到了热情与爱。

另外一位男教授Mikel，是一位非常帅的老爷爷。他穿了一件蓝色polo衫，却搭配了一条黑白格的裤子。虽然着装不太搭调，但是他却非常严谨，他对于每个音节的把控，都非常到位。这也让传昊看到了音乐的另外一面，谁说一定要恪守成规？表达音乐也可以随心所欲。

这两位教授的艺术表达，没有被圈在在一定的格式里。你可以在雨中，借助雨水的嘀嗒声创作你的乐曲；你也可以在博物馆里，和古董一起分享乐器的灵魂。这样的表达形式太震撼了，传昊被触及心灵。正因为这两位表演艺术家的点拨，传昊决定出国，追随这两位艺术家学习。

一个人幸运的前提，是他遇到生命中的贵人，并且有能力改变自己。传昊是幸运的，他在合适的时间，遇到了合适的人，并带着他走了人生中很重要的一段路。

传昊说，在美国的日子很开心，开心的是他可以追求音乐、感受艺术。同时，他也很孤独。任何一颗心灵的成熟，都必须经历寂寞的洗礼和孤独的磨炼。那些寂寞孤独的日子，正是他认识自我、积蓄力量的最佳时机。

只有去经历，才能真正地体会到：人要不断地自我赋能。

我觉得这个世界上最可怕的不是优秀的人比你更努力，而是优秀的人比你更有方向。而传昊就是一个很有方向的人。我问他，为什么要选择创业。他告诉我，教师是他非常喜欢的一个职业。用生命影响生命，这是无比高尚和有意义的事业。读书读得越多，就越会认识自己的无知，这种无知一直鼓励着他去探索。他热爱他的学生，也热爱教书，他希望教给学生们或是年轻人更多的东西。知识是用来探索世界的工具，绝不是用来束缚住自己的脚步。所以他觉得，读书读到这个阶段，是开始教书的时候，得去向世界探索更多。社会的价值在于承载，人的价值在于体验，真正有意义的人生，在于体验各种不同的生活，而创业就是一种体验。

传昊说，他希望通过自己的创业，积累更多的经验，以后再回归到校园，告诉年轻的学生们，社会是怎么一回事，怎样的生命才是有价值的生命。

现在传昊公司做的产品，都是音乐辅助器材。他做音乐这么多年，竟然发现没有特别专业的公司做音乐辅助器材，他觉得这是一个bug，很多年轻的音乐家甚至要为了乐谱翻页买不到人性化的产品而伤透脑筋。于是，他以多年的音乐行业的积累为基础，自学建模做了一套真正从用户的角度出发、体验好、高颜值、高品质的产品，并将其打造为一个专业音乐配件品牌，让音乐家们可以专注在音乐本身，而不用考虑这些配件到底该如何选购，更不用因为买不到好产品而需要自己DIY一些工具。

舞台再大，不上台就永远是观众。平台再好，不参与就永远是局外人。能力再强，不行动，只能看着别人成功。传昊不希望自己只是一个观望者,他希望参与到创业的过程中来,他希望体验这其中的每一个环节。

我问他:"艺术家和企业家最大的区别是什么?"

"艺术家只需要追求艺术,不太需要考虑钱的问题,只需要表达感受,考虑自己内心的想法。而做企业,你每天想到的就是成本、收入、结构、人。这是一个系统的问题。所以,我在建立这个公司之后,就开始有意识地学习管理,学习各种商业技能。"

传昊说,他现在遇到最大的困难是人的问题。他是一个艺术家,他曾经的圈子也都是艺术家,很少有做企业的人。而现在完全进入一个新的领域,他觉得很陌生,同时也非常有趣。对我们来说,艺术到商业是一个高难度的跨界;对他来说,这是一个新的挑战。

很多人说,生命的意义在于成功。可是传昊的故事让我发现,生命的意义在于经历,在于拓展生命的宽度、提升生命的高度、触摸生命的温度。用艺术去拓展生命的宽度,用企业去提升生命的高度,用教育去触摸生命的温度,这才是有意义的人生!

创业奉献无限，吃喝玩乐有度
可怕的不是老总的优秀，而是理性

奋斗方向：务实，现实，理性

奋斗档案：熊康安

年　　龄：42岁

专业领域：酒店管理

求学背景：暨南大学→英国德比大学联合瑞士SHMS酒店管理学院（酒店管理硕士）

归国时间：2008年

履历简介：2008年从美国留学工作回国后，赴内蒙古鄂尔多斯任职并创业，成功创建三家连锁酒店；2010—2011年在清华攻读酒店设计与工程管理，并于2011年回深圳创立瑞季轻奢酒店品牌；2012—2022年旗下直营与加盟店分布在深圳、广州、佛山等城市。现为深圳市饭店业协会副会长、深圳市海归协会副会长。

这个世界上，有梦想主义者和理想主义者，有现实主义者和务实主义者。熊康安就属于第二种。他是典型的现实主义者和务实主义者。而他的现实和务实的表现形式，就是他的理性。

他到底有多理性？我给大家举一个例子。2017年我们几个海归小伙伴组团去内蒙古玩，熊康安家族在内蒙古有产业，他作为主人接待我们。有一天他安排我们住在内蒙古沙漠里的莲花酒店。第一次来到沙漠的我们心情激动到顶点。而且，我们住的这家酒店可是极品中的极品，它坐落在沙漠的中心，要到达酒店还得坐缆车，可不是那么容易的。最让我们兴奋的是，我们住的这个沙漠莲花酒店，有一个天台酒吧，在这个露天的酒吧，抬头就能望见星空。我想，那里应该是离月球最近的地方吧。还有一个劲爆的消息，那个酒吧里的酒水任饮，随便你怎么喝，都不收费。我们好开心，吃完饭，游完泳，磨蹭到十点，准备上去喝几杯，不醉不归，在沙漠莲花酒店的天台酒吧望着星空，这么浪漫的场景，估计不睡觉都值得。我们做好了通宵喝酒、仰望星空、畅享发呆的准备。待我们来到天台酒吧，坐下还不到一个小时，熊康安就看看手表，对我们说："现在已经十一点了，不早了，我们差不多回房间睡觉吧。我每天晚上十二点要入睡。"

我们都被他惊呆了，第一次来沙漠，喝酒还不用钱。我们觉得这个人有点问题，太没情趣了，实在无法理解他的举动。不过，这足以证明他的理性，理性到让人感觉有些刻板和机械。

正因为他很理性，每次我遇到困难和问题，都喜欢打电话和他聊天。因为他可以从各个维度，用理性的思维指导你如何做决定，正好弥补了我这种感性的人的弱点。有一次，我遇到一个问题，需要做一个选择，可是我拿不定怎么做，于是我打电话给他，把我的困惑告诉他。他陪我聊了一个小时，从这件事的起因、利弊、未来发展出发，结合我的性格，给予了我一个全盘的分析。

就连他加入海归协会，也用了两年来观察我、观察这个社团的性质，然后打听协会的情况，了解协会的内部运作。从2014年听说这个协会，到2016年我们举办年会的时候，他才主动联系我，说想加入。他告诉我，他已经观察我们两年了，确定我们是正规的、官方的、为社会创造价值的社团之后，才决定成为我们的一员。他就是这样理性的一个人。

虽然他很理性，但我们都很喜欢他。他是一个理性的现实主义者和务实主义者。当然，他也经常找我。有一次，我接到他电话。

"安妮，我有事请你帮忙。你是我认识的人当中链接力最强的。这件事，我相信你一定可以帮到我。你绝对有这个能力。"他铺垫了很久，给我戴了很高很高的帽子，搞得我都着急了。

"有啥事你就说吧！"我按捺不住自己的性子。

"我奶奶病危，现在在区中医院，由于中医院的医疗条件有限，她需要转到市人民医院。事情紧急，今晚就要转院。所以特意请你帮忙，看看你能不能帮我联络联络。"他焦急地说，然后还不忘补充："是我的亲奶奶。"

"你奶奶在深圳哪个区的中医院？是想转去罗湖区的市人民医院吗？你把地址告诉我，我帮你问问。"我的行动也很快。

"不是深圳，是梅州。"

我差点没崩溃，大哥，我又不是梅州人，我都没有去过梅州。

不过，好朋友的忙是一定要帮的。于是，我立马联系了相关部门。救命的事，谁都不敢耽误。最后，康安的奶奶在当天晚上顺利转院。

熊康安就是这样一个人，没事不找你，找你一定有事。那种花天酒地、风花雪月的事儿，他一定不会找你，他找你，一定是有事，而且是正事。因为他的理性摆在那，花天酒地的事儿，不是理性的人应该做的事儿。

虽然说他很理性，但我们都觉得他很可爱。了解他的人，都知道他是一个理性、直接、正直、善良有爱的人。不了解他的人，对他的评价是：思想上深藏不露，性格上捉摸不透，行为上飘忽不定。

人生就是一个成人达己的过程

如果你以为熊康安是一个理性的无情的现实主义者，那就错了。他理性，他现实，他务实，但是他重情义。他的善良与大爱，体现在一个又一个细节里。2017年我计划拍一部小电影，讲述的是一个海归女孩人生逆袭的故事。因为没有经费，从制片人到导演到助理，都是我们几个海归小伙伴一力担任。整个拍摄的过程很艰苦。熊康安知道我们在做这件事，有一天他突然给我打电话："安妮，我知道你们在拍小电影，我想支持一下。"

"请问你想怎么支持呢？"接到这样的电话让我很意外。

"我想赞助几万块钱，虽然不多，但是也很想帮帮你们，行动上支持一下。"

"啊？你需要我们提供什么吗？有什么我能为你做的吗？"突然接到这样的电话，我有点不知所措。

"什么都不需要，也不要告诉任何人我帮了你们。我就是觉得你们做这件事特别有意义，所以我很想支持一下。安心接受就好了。"

他就是这样，做了好事还不留名。这样的事情还不止一次。好几次，当我们需要他的时候，他总是用行动和爱给予好朋友最大的支持和鼓励。用他的话说：把自己活成一束光，才能温暖别人，照亮自己。

"你喜欢酒店行业吗？"我问。

"我非常热爱酒店行业，我很喜欢做服务业。每天都可以接触不同的客人，不同的客人来到这里，我可以给他们传递关怀。我希望客人来我们店里可以感受到关心和爱。"熊康安的酒店叫作瑞季精品酒店。他们的理念是，传递关怀传递爱，让客人有宾至如归的感受。

这一点，从瑞季酒店的细节中，我也深深感受到了。每次我到酒店找他，酒店的服务员见到我就好像见到亲人一样，热情地跟我打招呼，端茶倒水，还能亲切地叫出我的名字。这让我非常意外。他们的每一个细节、每一处动作，都体现着老板的价值观：传递温暖和爱。

熊康安说，他的梦想是为社会、为身边的人，做更多事情，让他们健康，成功，快乐，喜悦。虽然这个梦想有些遥远，但人还是要有点梦想的，万一实现了呢？幸福的人就是，有方向，在路上。

活得幸福，不是太幸运，而是不贪恋。熊康安就是一个不太贪恋的人。很多时候，他考虑身边的人比考虑自己更多。他把亲人和朋友放在比自己更重要的位置上。他说人生就是一个见自己见他人见众生的过程；同时，也是一个利自己利他人利众生的过程。

学习力决定你的竞争力

在激烈变化的当今世界，左右成功的不是你知道多少，而是能多快地去学习。熊康安就是一个很爱学习的人。我自己很爱上课，以前喜欢上心灵成长的课，后来喜欢上能力提升的课，到后来上《易经》课，再升级到商业战略课，熊康安都是我的同学。每次我们见面的时候，他都会问："安妮，你最近在上什么课吗？你在学什么吗？跟我分享一下呗。"

通常喜欢上课的人中，女性偏多。像他这样优雅睿智的商务男，却如此热爱学习，还真的很少见。

小学和初中时代，他都在广州度过。暨南大学毕业以后，他去了瑞士学酒店管理。我问他，为什么会选择瑞士呢？他说那个时候觉得瑞士是一个富裕的国家，感觉那里挺神秘的，于是就想去那里看看。他也想知道瑞士的生活是怎样的，和中国有什么样的区别。熊康安说，在瑞士的时候，他和所有留学生一样，也端过盘子洗过碗，也经历过一个人的孤独寂寞。在瑞士读了三年酒店管理，他就去苏黎世商业大街的一家五星级酒店工作。工作是人生真正的历练。之后，他又去了美国奥兰多的五星级酒店工作两年，这个时候，他已经从一个服务员升级到酒店经理了。

在欧洲三年、美国两年，熊康安一共在酒店行业的基层工作了五年。正因为这五年的历练和学习，他熟悉了酒店管理的所有过程。从前厅到客房，到餐饮到游泳池，他都实践过。这也奠定了他后来回国创业的基础，也就有了瑞季精品酒店的诞生。

康安说，要把自己活成一束光，一束点亮世界的微光。当我们都变成光，才能点亮自己，照亮这个世界！

二十年一觉电影梦
湾区青年造梦之旅

奋斗方向： 一直逐梦直至成功

奋斗档案： 刘曦塔

年　　龄： 37岁

专业领域： 公共事业管理专业、电影制作专业、整合营销传播专业

求学背景： 中央戏剧学院（电影电视系公共事业管理专业，影视制片管理方向）→纽约电影学院（电影制作专业，MFA艺术硕士）→香港大学（ICB整合营销传播专业，在职研究生）

归国时间： 2011年

履历简介： 任深圳市南山区第六届政协常委、深圳市南山区第二届社会组织总会名誉会长等多个社会职务，致力于为青年人造梦的路途贡献力量，特别是深港青年的文化交往、交融、交心。打造新青年数字梦工场，希望让更多有志新青年在这里向世界讲好湾区故事、中国故事、造梦故事。

人生就像一出戏，需要精妙的设计

曦塔是一个很奇特的人，就像他的名字："晨曦+宝塔"，像一束光，哪里需要，就往哪里照耀。他告诉我，他从小到大学习成绩都不好，但是因为小时候非常喜欢香港电影，所以他的梦想是成为一名电影人。后面他有一次真实地接触了电影，这种"文化+科技"的极致场景体验深深吸引了他，于是下定决心报考电影

学院。通过高三一年的刻苦读书，曦塔居然同时被中央戏剧学院和北京电影学院两所国内艺术高等学府录取。这让平时低看他的班主任和老师们大吃一惊：这是哪里跑出来的黑马！

就这样，在大家的情理之外、意料之外，曦塔考上了中央戏剧学院，当时在深圳只有两个人考取，这对于学校来说，也是一个天大的喜讯。曦塔告诉我，他每个人生阶段一定要有梦想。每次拥有了梦想，他就像换了一个人般，焕然一新，全力以赴，专心致志，不达结果不罢休。

从中央戏剧学院毕业后，他又以专业课高分成绩考进了美国纽约电影学院攻读导演专业硕士研究生。在纽约电影学院，亚裔本来就不多，中国人更少。曦塔在那里接触了全球顶尖的电影艺术家，他内心电影的梦想，一直燃烧着。他感觉自己就是为电影而生、为艺术而生的。

人生就像一出戏，没有完美的剧本，但可以有完美的演技。曦塔说他的人生就像一场跌宕起伏的电影，有谷底有高潮，有各种波澜不惊的剧情。他就是这部电影的制片人加导演，未来的人生路要怎么走、这个剧本要如何写、演员要如何演，都是一场精妙的设计和完美的策划。

他现在做的事情，是打造一个属于新兴领域青年人群的梦工场。世界未来在中国，中国的未来在湾区，而湾区的未来在青年。未来的世界是青年的世界。他希望能打造一个平台去帮助当代新青年实现梦想。这个平台就叫：新青年数字梦工场。

人生只有一次，值得你仔细设计。有梦想是一件非常美好的事，因为梦想是最伟大的爆款。而爆款会点燃你的生命，让你的生命更有创造力。

自律，自愈，自燃

我跟曦塔的认识过程也比较奇特，他被推荐加入深圳市海归协会担任副会长。可那时正值协会内部调整，人员变动，以至于他的副会长增补迟迟没有进行，就这样拖拖拉拉地过了一年。一年后的某一天，我突然感觉有些不好意思了，这么久了也没有帮人家把事儿办成，应该请吃个饭赔个罪什么的。于是我约他见面。

第一次见他，是在一家意大利咖啡厅，只见他穿着质朴，一副"不食人间烟火"的模样。我们攀谈起来，聊着聊着，聊到生活作息以及行为模式。他告诉我他是一个追求当下状态的人，想到什么就去做，是一个活在当下的生命体。他很少做未来计划，更加不会刻意规划自己的人生。比如说，每年的年终，他就买张机票飞去梅里雪山看日出日落，总结一年、放下一年、迎接新年，是特别随性的一个人。而我正好是他的反面，我的人生就没有随性两个字。我告诉他我的座右铭是：现在马上立刻。我认为靠谱指的是超强的执行力。并且，我很喜欢做计划和设立目标，我的人生是计划出来的。我分享了我的时间安排：每天早晨6:30起床，运动或者读书一个小时，每天晚上12点前睡觉。每周末把下一周的工作规划好，并且每天都会制定日程，严格按照自己的计划完成工作。

"你这样计划工作和日程，不会觉得累吗？"估计他的身边从来没有出现过像我这样的人。

"当你知道你为什么而活，你就可以忍受任何一种生活。"我笑着告诉他。我一直是一个对自我要求很高的人。对我来说，没有做不做得到，只有想不想要。一旦决定了，就全力以赴去实现，不惧过往，不畏将来。人生不是用来固守成规的，人生一定是用来打破和拓宽的。不断地突破自己的人生，不让自己的人生留有遗憾，这就是我坚持的原则。

曦塔貌似被我这番话感动了。他说他也想养成自律的习惯。他告诉我，他的人生一定要有目标才能有动力，一旦失去了目标，可能也就失去了行动力。可是我的人生却相反，我需要先行动起来养成良好的习惯。习惯是成就目标的土壤，只有养成良好的习惯，比如说时间管理、早睡早起、合理膳食等，当你有目标的时候，你的目标才会更加容易实现。

不是看到了希望才坚持，而是坚持了才会看到希望。

曦塔被我打动了，他说他也要养成早睡早起的习惯。于是我们打赌：他每天早晨起来给我打卡，时间不能晚于我的六点半；如果他晚了，就惩罚。就这样，我们达成了无形的协议。

说到的都是传说，做到的才是传奇。

我本来以为，多年没有早睡早起习惯的他，很难像我一样自律。可是令我惊讶的是，他每天早晨5：59分准时给我问候早安，就这样妥妥地坚持了一个月。

之后，两个月，三个月，到现在已经过了三年。每次翻看曦塔的朋友圈，大家都赞叹他的正能量和励志，他就这样不知不觉坚持早起打卡1000多天了。现在能做到6点起床、不刷剧不玩抖音不应酬的80后海归年轻人，已经相当相当少了。正因为他的坚持和自律，他成为朋友圈的一个传奇。

曦塔的行动力和他的改变，也反过来激励着我。我想说，这就是榜样的力量。营销学中最常用的方法是：找、抄、超。而曦塔一旦"找到"对标，就会"抄袭"对标的行为习惯，最后"超越"对标。我很荣幸能成为他的"对标"，更开心看到他的成长，以及我们相互的共同成长。

优秀的人不一定自律，可是，自律的人通常都很优秀。不了解他的人但凡看了他的朋友圈，都会为他的早起和规律的作息习惯点赞，同时也会点赞他的优秀。

习惯不但能改变人，还能影响别人。如果说以前是我影响着他，那么现在的他，也在逐渐影响着我。每当我情绪低落抑郁的时候，也会翻看他的朋友圈，看到他三年如一日的坚持，我也会被这种激情点燃。

曦塔说他是一个很积极乐观的人。有时候我心情不好，会打电话给他，他都会开导我："这点小事，别往心里去啦。你可是我们最尊敬的唐秘书长和安妮老师。"每次聊完，我都心情舒畅。我仔细想想这背后的逻辑，他其实是一个自我痊愈能力很强的人。他说他从小就是一个很幸福的孩子，出生在一个幸福的家庭，并且他是大年初五出生，从小到大所有的回忆都被过年的欢乐气氛包围着。所以，他有满满的能量。而这种能量，不但可以感染自己，还能够点燃别人。他希望把很多很多的爱与能量分享给更多的人。

这个世界上没有无缘无故的遇见，每次遇见之前彼此都有努力走过的路。曦塔说感谢我帮助他变成更好的自己，我也特别感谢他，鞭策着我在卓越成长的路上一路前行。

脸上有光，心中有爱，灵魂有梦

"你为什么想做新青年数字梦工场？"我好奇地问。

"因为我是一个很幸运的人，从小感受到了很多的爱和温暖。后来随着成长过程中的变化，我感受到了孤独，感受到了成长。我觉得我自己本身曾经的缺失，以及这种落差，让我更加坚定帮助更多的青年人完成梦想的决心。我觉得我在被召唤，这是我的使命。"一提到梦工场，曦塔的眼神就光芒万丈。

曦塔说自己不是一个很聪明的人。但是却是一个有爱的人，他是一个很宽厚的人。他的有爱和宽厚体现在对于朋友的态度中，每次需要他帮助的时候，他总是毫无保留地支持你。他说朋友是用来付出的,不是用来索取的。他是一个成就型的人,他希望成就身边的人,帮助身边的人实现梦想。与其有一个聪明的头脑,不如有一个宽厚的胸怀。聪明的头脑因有了宽厚的胸怀得以施展。这个世界上真的不需要太多的聪明人,而需要更多有爱的有梦想的宽厚的人!

再次见到曦塔,他坐在充满梦想的数字场景办公室,告诉我新青年梦工场的进展情况。他说,未来,这里就是青年人的家;未来,这里就是青年人造梦的地方。

如果用一首诗来形容现在的曦塔:

你不必向我诉说美妙,我的心里并没有悲伤;你不必跟我描绘色彩,我的眼里自有一片美好。我看世界多变换,世界望我却依然。

不管未来的世界如何变迁,曦塔始终是那个脸上有光、心中有爱、灵魂有梦的人。曦塔说,他的人生就像他的名字:晨曦加宝塔。要把自己活成一束光,活成清晨的曙光、梦中的灯塔。当青年需要温暖的时候,微光可以照亮他们。当青年失去方向的时候,灯塔可以引领他们。而这个梦想,在不久的将来就会实现。

一个人最重要的不是生命,而是生命在哪里显现。一个人最重要的也不是前行,而是在实现自己的梦想中前行。曦塔就是这样一个人,在成长的路上,用心成就他人,用力实现价值,对生活充满热忱,对世界充满善意。在打造新青年数字梦工场的旅途中,他不遗余力地贡献自己的力量。

生命的美妙，往往在于出其不意
想在美术史中留下名字的画廊主

奋斗方向：努力成就天赋，创新成就伟大

奋斗档案：徐文

年　　龄：37岁

专业领域：国际当代艺术学术研究及市场

求学背景：澳洲悉尼St' Paul（高中）→澳大利亚凯瑞克学院（酒店管理）

归国时间：2005年

履历简介：曾任深圳e当代美术馆馆长。多年来，一直在研究全球当代艺术市场，在许多大型机构担任讲师，并在国际许多重要的艺术博览会、双年展和著名艺术家博览会崭露头角。2018年，创立了Kenna Xu画廊，立足于粤港澳大湾区，以"国际视野、个案研究、实验未来"为定位，设立具有学术性、实验性的艺术机构；致力于打造为艺术家、收藏家、艺术爱好者服务的国际性艺术交流平台。

在艺术中成长

有用的东西可以帮助我们谋生，而无用的东西可以使我们终身快乐。在我认识的人中，确确实实有人在用生命践行艺术，并且从他的神情中，我看到了眼中的光，心中的爱。这就是徐文。

但凡我需要买画、鉴赏画，我都会找徐文。虽然他不是一个艺术家，也不是一位画家，但在我的印象中，他懂得欣赏艺术。有一次，我说我不懂艺术。他纠正我："安妮姐，你不是不懂艺

术，你是有自己的艺术欣赏形式，只是你还不能完整地表达出来而已。"

之前巴塞尔艺术展在香港举办，徐文也组织了很多海归小伙伴去香港看展。大家都喜欢跟着他一起欣赏画，一起挑选画，一起探讨艺术。

徐文告诉我，他的父亲是一个艺术观察者，母亲是一位画家。他的童年和别人不一样。其他小朋友的童年都是在游乐场、培训班度过的，可是徐文的童年是在各种美术馆、音乐厅和歌剧院度过的。小小年纪的他，就被父母带着看展览，听交响乐，看歌剧、芭蕾舞。

我问他："那你喜欢这样的童年吗？"

"没有喜不喜欢，当时也没有意识到和别的小朋友不一样，反正我的生活一直就是这样的。"他告诉我。

徐文说，小小年纪的他就有艺术鉴赏能力。"父亲经常会突然做测试，把各种艺术品放在一起，让我挑选。结果，每次我都能挑出最好的那幅。我父亲以为我有天赋。我觉得这不是天赋，这是长年累月耳濡目染的结果。虽然，我说不出来为什么那个是最好的，我就是凭感觉。"

徐文读高一的时候，就从深圳去了澳大利亚。毕业之后，他本来想做餐饮，因为他从小喜欢做饭，喜欢看做饭节目，所以很想开一家连锁餐饮公司。他还买了餐饮设备，准备在澳洲启动人生中的第一次创业。可是后来一次偶然的机会，他加入了一家出国移民公司，从小职员到团队经理，再到地区的负责人，这一做就是九年。

"我很庆幸自己在30多岁的时候就找到生命的意义。我家里在做城市大型文化设施的顾问和运营（歌剧院、音乐厅、美术馆等），我在外面晃了九年，最终能回归到艺术行业本身，是因为家里的一个项目，父母让我去负责一个美术馆的运营。当我运营这家美术馆的时候，我逐渐找到了自己的真爱。我要开一家画廊，一家属于我自己的Kenna Xu画廊。并且，我这辈子都要用生命去经营它，这就是我的梦想所在。"

做自己的艺术主理人

唯有找到心中最真实的梦想，阳光才能照进来。徐文跟我介绍艺术的时候，满眼都是光芒。现在他经营着自己的Kenna Xu画廊。虽然这只是一家画廊，却拿了很多国内国际大奖。我很好奇地问："请问美术馆和画廊有什么区别？"

"艺术家是明星，画廊是经纪人，美术馆是电视台。"他立马回答我，显然很多人问过他这个问题。他告诉我，艺术家需要全身心地创作艺术，这样他们的艺术作品才有价值。因此，他们的一些经纪事务应该交给画廊来做。画廊就相当于艺术家的经纪人和保姆，帮他们做各种事情。美术馆是博物馆的一种，用于研究梳理美术史，并系统展示艺术家的作品。

之前徐文在管理e当代美术馆的时候，我们就组织了很多海归团去参观交流，大家都很激动，感觉也非常新鲜。而现在的Kenna Xu画廊，却有着不一样的风格。这家画廊在福田区的一个小区里，虽然面积只有300平方米，却上下通透，阳光照进来，让白色的装饰显得格外地有格调。徐文说，他2022年展出中国艺术家严善錞的作品，艺术家的作品在世界各地重要的美术馆均有展览与馆藏，严善錞老师展示的《西湖—富春》系列，是东方文化内核下，真正属于中国的抽象艺术代表。

"严老师是一位非常内敛低调的中国艺术家，出版过大量著作。他曾在纽约大都会美术馆做过展览，却从来没有在深圳开过个展。他的作品打破了东西方的艺术语言壁垒，他通过对儿时西湖印象与传统中国文人精神的追忆，用当下国际化的艺术语言，创作出无法被现有框架定义的全新艺术风格，他的作品十分令人佩服与感动。"徐文告诉我。

徐文说，现在很多的90后海归，都在经营着自己的画廊。十年前或许画廊还很新鲜，现在却越来越普遍。最近不断地有90后甚至00后海归请教徐文如何经营画廊。或许老一代的人开画廊主要是为了盈利，可是现在新一批开画廊的年轻人就真的不只为了赚钱。他们喜欢艺术，热爱艺术。很多海归在国外学习艺术回国，就希望把这种艺术展现出来，让更多人看到。当越来越多的年轻人想传播艺术的时候，这个行业就会进步。

徐文认为，90后和00后在艺术创新上也更有希望。虽然说在贫穷和痛苦的环境中，艺术家容易创作出有力量的作品，而90后、00后生活在优渥的时代，他们更能活出自我，不太需要考虑生存的压力。如此，他们更有机会全神贯注、心无旁骛地去创作艺术。贫穷的生活可能会带来强烈的情绪感染，但在艺术上，真正的开宗立派需要创新，需要颠覆式的创新。

从艺术的角度留下我的身影

我问徐文："你的画廊里展示的都是中国艺术家的作品吗？"

"我代理的是全球艺术家的作品。"徐文告诉我。

徐文说，很多画廊只代理自己所在地区或国家的艺术家的作品，其实这样很有局限性。当代艺术的主要市场在欧洲和北美，他们在这一块的确比我们做得成熟。我们不要闭门造车，我们需要向他们学习。只有学习他们的优秀经验，再加上我们自己的优秀创作，我们才能超越西方。徐文代理的艺术家有中国艺术家、美国艺术家、英国艺术家、德国艺术家，甚至代理古巴的艺术家。他在全球寻找优秀的艺术家，把他们的艺术作品引入中国，把中国的艺术作品送出去，让更多的中国人能感受到全球顶级艺术的魅力。

"要想在国际舞台上发声，我们需要先融入世界，再影响世界。"徐文说。

"在这个时代我们就是大数据的搬运工。你可能是一个哲学家、科学家，可是你需要文化和艺术的创新和支持，来推动你的变化和创新。大家都说体育无国界，如果全世界都在看这个国家的体育比赛，那么这个国家在体育上就有话语权。艺术也是一样，如果全世界都在展览中国艺术家的作品，这才是我们艺术发达的表现，也是我们国力强的证明。"徐文已在深圳开了第一家画廊，接下来要在南山区开第二家画廊。再之后，他要去柏林开画廊，要去纽约开画廊。

"请问你想做的国际化画廊长什么样子？"我很好奇。

"我的理想是做一家国际性的画廊！在世界各地开设我的画廊，与世界各地优秀的艺术家合作。我希望能争夺艺术的话语权。现在亚洲还没有具备这种规模与影响力的画廊，而我希望能参与人类艺术文化历史发展的进程，成为美术史中的一分子。

"比如说，全球顶级艺术家的作品，不是你想代理就代理的，也不是你想展示就展示的。这些授权都掌握在画廊主理人手里。

"每个时代都会出现很多大师，我们这个时代是和平的时代。人类只有在经历巨大情感波动的时候才会创作出伟大的作品。各个文化创作领域都是一样。移动互联网的发展，也给人类带来一些新的改变，比如说科技让生活更加便利的同时，也会逐渐带来很多负面的影响（如大数据时代下的信息茧房），随之而来会有一批新的艺术家因此诞生，也会出现更多直击人心的作品。我希望能见证这些伟大作品的诞生，跟着他们一起成长。我们不能永远学别人，我们需要有自己的艺术创新，我相信中国一定会在未来的美术史上创下很多辉煌，先走出去，再影响世界。

"传递艺术的本质是传递正确的观点，而不是单纯地传递商业价值。我不希望艺术被资本过度绑架，艺术家应该是纯粹的，不能以利益为导向去创作，只有真实的艺术才能打动人。我希望能传递艺术本身的内核。做一个全球顶级的国际性画廊。"说到艺术，徐文侃侃而谈。他身上拥有艺术的基因，他用生命在诠释艺术。

成功是有限游戏，成长是无限游戏；生命是有限游戏，意义是无限游戏；物质是有限游戏，而艺术，却是无限游戏。虽然徐文自己不承认，但很多人都说徐文很有情怀，成大事者都靠情怀。

用文字凝聚记忆，是很多作家的梦想；而用艺术感染灵魂，是徐文的追求。一个充满着艺术灵魂的人，一定是能够改变这个时代的人。因为，人还是要有点梦想，万一实现了呢？

真正的时间管理大师来了
"不要去追求幸福，而要去幸福地追求"

奋斗方向：时间管理

奋斗档案：张倩楠

年　　龄：34岁

求学背景：新加坡南洋理工大学（国际关系专业）

归国时间：2010年

履历简介：毕业回国后投身国际教育领域。任新通教育集团深圳分部总经理，获得多枚有分量的优秀奖章，输送了数百名优秀青年赴海外求学，并一跃成为新通教育集团20个事业合伙人中最年轻的那颗新星。同时，任深圳市海归协会理事、Leanin组织理事，并带领公司加入深圳市心理协会、深圳市家庭教育协会，与各行各界专家共同探讨研究教育的新理念，为更多留学家庭提供价值新可能。

普通人和高手之间，就差三个字：时间差

在我看来，未来的世界，没有稳定的职业，只有稳定的能力。有一项能力，只要你具备了，你也可以成为命运的主宰者，那就是时间管理的能力。

认识Bella快十年了，我竟然不知道她的中文名叫什么。采访她之后才知道，她有一个非常优雅唯美的名字：张倩楠。倩楠是深圳市海归协会理事，并且是最早的一批理事会成员，她在南京长大，从新加坡南洋理工大学毕业后就来到了深圳。

如果你问我在倩楠身上看到的最大闪光点是什么？我认为是时间管理的能力。她是一个计划能力、组织能力和时间管理能力非常强的女性。有一次，她邀请我去深圳大学做一场演讲，她提前一个月预约我的时间，活动开始的一周前，联系我告知准备事项，活动开始当天，提前两个小时安排人接待我。一切安排都如此地严谨和有条理，让我不得不佩服这位女性的时间管理能力和组织协调能力。

倩楠告诉我她在新通留学机构工作了十二年。从最基础的行政岗到现在管理着一百人的团队，她觉得自己能这么快地打通新通的晋级赛，与时间管理能力和执行力的进阶不无关系。

其实，一个优秀的管理者需要具备三方面能力：时间管理能力、执行力和反思力。这三点倩楠都具备了。在工作中，她基本上会提前一周把下一周的工作安排好，并且在今天把明天的工作安排好，今天结束的时候，还要复盘和反思今天的工作内容。虽然喜欢做规划，但是她也不会十分刻板，她会留出10%—20%的机动时间应对突发事件。倩楠是一个很有目标的人，设立了目标就一定要完成，不能给自己拖后腿。

我问她："时间管理最核心的是什么？"

"我觉得时间要被模块化，工作、家庭、朋友、爱好，要平均分配。比如说，我每周一定会安排时间给父母，每周末一定陪伴先生和孩子，每一个模块都要提前规划好，这样你的时间就不会乱。同时，做时间管理之前，你得有目标。你到底想成为什么样的人？如果你想成为工作上最有成就的人，那么你可以花更多的时间在工作上。如果你希望工作生活能平衡，那么就要提前规划好，要在每一个方面都投入时间。而且，要知道，时间管理的本质是高效的自我管理。我对生活质量是有要求的，所以我不能容许自己被工作挤压，我会在工作期间高效完成任务，以最快的时间达到最优的效果,这样我才有更多的时间陪家人和去旅游。"倩楠跟我分享了她的时间管理的核心。

倩楠说,现在很多年轻人都喜欢先做轻松的事儿,再做难的事儿,其实难的事情才是重要的,是需要被最先关注和提前完成的。如果总是先做简单的事情,那么等难事儿发生的时候,你就会一直在救火。所以,她通常会先把难的事情做完,再去做简单的事情。

"我还有一个工作习惯,我无法接受邮箱里的没有处理的新信件超过十封。如果有很多邮件堆积,我就会很焦虑。我的习惯是当下就要解决问题。如果不处理,可能会堆积越多,就更加没有动力去处理了。所以,现在马上立刻处理,就是我的习惯。"倩楠说她有点强迫症,但是她的这种强迫症非常可爱。

一个有行动力的人,是一个靠谱的人。要让我们的行动力配得上我们的梦想。没有行动力,一切梦想都是空想。倩楠就是在用行动力实践着她的梦想。

热爱点什么,才能与这个世界相爱

"你热爱你的工作吗?"认识她十年,每次都是工作上的交集,我从来没有认真地去了解过她。

"非常热爱。否则也不会做到现在。"倩楠告诉我,她觉得现在的工作非常有价值。留学工作不仅仅是给即将出国的孩子们提供咨询,而是给予他们长达多年的个人成长的陪伴,陪伴他们成长,陪伴他们成熟,甚至帮他们解决生活中的各种问题。

有一次开理事会,一位90后的小男生从英国毕业回来参加我们的会议。他见到倩楠就亲切地跟她打招呼:"Hi, Bella, 好久不见。"于是我才知道,这位优秀的小海归就是多年前倩楠刚入职新通的时候她的一位学生，高中毕业以后去了英国读书，现在学成归来。这位男生见到倩楠感到特别亲切，感觉她就是自己的亲人一样。他们一见面就聊个不停。我能感受到他对倩楠的尊敬和感谢，我也能理解倩楠为什么如此热爱这份事业。

倩楠告诉我，她做的事情不仅仅是文案工作，也不是简单的销售工作。她实际上是帮助家庭优化他们对教育的认知的家庭教育规划师。很多时候，爸爸妈妈不太理解自己的孩子，孩子们也不太接纳父母。家长认为孩子需要去读剑桥牛津等名校，可是孩子却只想读个艺术院校学画画。倩楠的工作，是要让家长理解孩子，让孩子尊重家长，并且要对孩子的思想做正确的、正向的引领，这个引领不但能改变这个孩子的生命，甚至能影响整个家庭的命运。

要留学的孩子们，不是到高三快毕业的时候才准备，通常在初二下学期就要开始准备了。比如说，美国大学需要考察学生四年的学习和成绩，那么，想去留学的孩子们在初三就要有所表现，所以，初二就要开始准备。现在好的国外大学都看孩子的综合实力，不是一次表现好、一次考试优秀就能被录取。学校考察的更多的是中学四年来的综合能力。所以，倩楠经常要和孩子们沟通，陪伴孩子成长，给他们建立正确的认知和树立正向的价值观。

这些孩子们在倩楠的带领下，变得越来越自信，越来越乐观，甚至越来越理解父母，有的还很感恩父母，家长们也很开心，感觉到孩子有很大的变化。很多家长告诉倩楠，他们特别感谢她，孩子是家庭的希望，孩子变得更加乐观、自信、优秀，也让整个家庭充满了生命力。

家长们的正向反馈，让倩楠觉得这个事业特别有意义。虽然不能陪伴这些孩子一辈子，但是她可以陪伴他们生命中的一段时间，倘若在这段时间给予他们正向的价值引导和鼓励，让他们建立正确的价值观，那么，他们未来会成为对社会有意义的人。

分布式幸福观，去感受爱和幸福

"幸运的人一生都被童年治愈，不幸的人一生都在治愈童年。"倩楠告诉我她有一个幸福的童年，所以她的人生充满爱。她觉得自己是一个很幸福的人，还特别容易满足。倩楠说她什么都不缺：有热爱的事业，有懂她、爱她、支持她的先生，还有理解她的父母，更有可爱的孩子。倩楠说她觉得自己幸福的同时，还觉得自己很幸运。

她希望自己的宝宝未来也能有感受爱和感受幸福的能力。首先，要把自己活好，才能让孩子活好。只有自己活好，你身边的一切才会好。

"有人说35岁以后会被社会淘汰。我觉得我35岁不要太好啊。"倩楠笑着对我说。

"35岁的年纪，有一定的社会阅历，有成熟的心态，也有经济能力，什么都不缺。这不是很好吗？其实我觉得，对物质的追求是有天花板的，但是对精神的追求，却是无穷无尽的。我那么多员工，很多都是跟着我十年八年的，我能够感受到他们对我的信任，我也能感受到自己的价值，和我存在的意义。"

"我也很感谢我老公，我们在一起十八年了，还能一起探讨人生问题，没有别人所说的七年之痒。我一直在进步，他也在进步，我觉得真的挺好的。"好的感情，不是不分你我，而是亲疏有度。好的感情，不是纠缠不清，而是浓淡相宜。

"当你觉得生活不好的时候，要先看看是自己哪里出了问题。你不够好，你周围才不好。你的世界是灰色的，是因为你心里是灰色的。"

倩楠说她是一个幸运的人，而幸运通常青睐善良和有爱的人。她在感受爱的过程中，不仅仅是在追求幸福，而是带着一份爱，在幸福地追求。

第四章
进击不断

德国留学八年，他变得超级会解决问题
有实力单打独斗，但劝你抱团取暖

奋斗方向：找到平台，抱团取暖

奋斗档案：武凯

年　　龄：42岁

专业领域：建筑、城市设计

求学背景：华中科技大学（建筑学本科）→德国德累斯顿工业大学（城市设计硕士）→德国德累斯顿工业大学（建筑学博士）

归国时间：2008年

履历简介：曾参与中德两国医疗卫生建筑合作示范系列工程。归国后带领中德建筑师，在养老建筑、医疗建筑领域参与多个标准制定与项目实施。参与组建深圳市海归协会，并担任副会长一职；同时积极发起成立了广东省海归协会，任副会长。2014年至今与海归精英一起致力于打造一个海归创新创业的孵化器平台——优创空间。2016年打造宝安区中德（欧）产业发展合作联盟，作为联盟秘书长，联合宝安区内制造业企业，开展对德、对欧的产业合作、技术并购升级。

德国留学八年，带来了巨大改变

第一次见到武凯是在2009年海归协会圣诞节活动上。当时我对他的印象就是耿直、守时、严谨。深圳市海归协会筹备成立时，他也是创始副会长之一。只要提到德国，我第一个想到的人就是武凯。

2020年新冠肺炎疫情暴发，我组织海归小伙伴们全球采购口罩支援武汉。作为抗疫小队长的我，刚好有一批N95口罩在德国，需要找当地人去验货。验货以后才能付款，对方才能发货。可是有一个问题，卖方要求验货的是德国人，并且要求在指定的时间去一个很偏僻的小山村验货。验货的那天是周日。我们本来想找一个在德国有公司的朋友，让朋友的德国员工帮我们去验货。可是找了半天也没有人愿意，德国人都不愿意在周末加班。后来我联系了武凯，请他帮忙。结果他很给力，十分钟之内，就联系到了他在德国的合伙人，愿意开几个小时的车，在周日去到很远的山村帮我们验货。

后来，我们在抗疫的过程中遇到诈骗。有一批货物我们已经交付了定金，对方却迟迟不发货。这笔定金支付给了一个罗马尼亚人，账户是德国的账户，货品验收地又是法国。这些钱是募捐来的钱，是救命的钱。我们万般着急，又找到了武凯。武凯火速联系了一位在德国做跨国业务的律师，帮我们解决了这个问题。

总之，有任何牵涉到德国的问题，我总是第一时间找他，而他也总是在最快的时间内给予我帮助。这就是我对武凯的印象。

武凯告诉我，他在德国留学八年。而这段时间也正好是他价值观形成的阶段。武凯学的是建筑，他说建筑学是跨越技术与艺术的学科。建筑师不仅仅需要设计，更需要创新。而当时最前沿的建筑设计学就在北美和德国。德国是一个严谨、有效率的国家，这也很符合武凯的预期。于是，从华中科技大学毕业以后，武凯就前往德国继续深造。

德国，简直让武凯大开眼界。德国多元化的价值评判标准给了他更多选择的自由。在德国，大家追求的是思考与探索。武凯的导师，就是一个在思考与探索上有非凡成就的人。他做了全世界第一座零排放的建筑，在全球都很有声望。

只是，在德国发展，也会遇到职业的天花板。武凯的导师已经60多岁了，他毕生都在研究项目，带学生，教学。武凯问自己：我做到最好就是他这样了，可是，这真的是我想要的吗？

武凯那个时候才二十多岁。在二十多岁的时候就看到了自己退休的样子，人生是不是很没挑战？

于是，他决定回国创业，开启人生的新篇章。

与其单打独斗，不如抱团取暖

2008年，武凯回到祖国。他认为，世界的未来在中国。所以他来到这个南方创新城市——深圳。刚回来，他没有马上创业，而是帮一家著名的德国建筑公司SIC管理其在中国的项目。这是最低风险的创业，先积累经验，了解中国业界办事的方式与节奏，再独立创业。

无疑，他是明智的。在帮德国企业拓展中国业务的时候，武凯遇到了困难。设计师是非常感性的存在，他们通常都有自己的想法、自己的观点和自己的坚持，而且也会为了创作发挥各种灵感。可是这些灵感，有些可以拿国际大奖，有些对于甲方来说，就是天方夜谭。武凯就遇到了这个问题，他当时在做佳兆业的深圳大鹏海洋世界项目，佳兆业让武凯统筹考虑经济效益和社会效益，可是武凯的德国上司们却说，要从美的设计理念出发。双方都不肯妥协，作为中国人的武凯夹在中间，很是被动。最后，武凯终于说服佳兆业和德国上司，达成一个平衡，解决了这个问题。

武凯发现，在中国做项目和国外完全不一样。在国外，更多的是保持设计的原汁原味；而在中国，不是说你设计新颖就能吸引客户，你的设计是否符合中国人的审美逻辑？你的设计是否能为甲方省钱？这一系列因素都要仔细考虑。客户不会只因为你的品牌好而选择你。

很多外资企业在国内发展，遇到的第一个障碍就是：水土不服。

于是，武凯决定自己单干，因为他是中国人，他懂中国人的理念。同时他又在德国学习八年，懂德国的先进技术，加上又管理过德资企业在中国的项目，知道大家的理念差异在哪里。这些积累，可以让他少走很多弯路。

社会的变迁太快了。创业没多久，武凯发现，这个社会变了。像武凯公司这样做建筑设计的小企业，实在太多太多了。如今的社会，已经不是一个单打独斗的社会了，要抱团取暖，才能在市场竞争中立于不败之地。

人与人最大的差别，不是你有多高，多胖，多好看，而是你脑子怎么想。一个有脑子、有思想的人，往往容易在人群中取胜。

武凯从自己创立一家公司，逐步发展成做一家创业平台。这个平台集合了很多海归创业者，他们在这里，共享着社会资源、商业资源，而武凯是这个平台的策划者和发起者。这就是优创空间，一个坐落在深圳市宝安区的针对海归创业的孵化空间。优创空间是武凯的一个大胆尝试，他的股东有清华EMBA同学、海归协会的小伙伴，还有两家上市公司，大家合力把资源投入到优创空间。很快，优创空间就变成在深圳小有名气的一个海归孵化器。目前空间里有四十多位海归博士，他们都是带着项目来深圳创业的。武凯说，优创空间就是海归的一个大舞台。他刚回国的时候，特别需要朋友，需要平台，需要资源，而现在只要你来到优创空间，你就能拥有这些。

在优创空间的基础上，武凯又成立了宝安中德（欧）产业发展合作联盟。武凯说，宝安区作为中国高端制造业最密集的地区，在几十年的工业和产业发展驱动下，一直面临着产业转型升级的需求，而德国拥有国际先进的技术，恰好契合了宝安区的长期发展需要。

如今，该联盟拥有的会员企业由三十多家发展到现在一百多家，战略合作伙伴从一开始的十几家到现在已经超过一百家。

武凯告诉我，这个联盟就是把宝安区的几十家上市公司，和德国的上市公司如西门子，进行对接。通过个人资源、平台资源、产业资源，联盟可以把海归的资源发挥到极致。而他的目的是，让更多欧洲的老外认识中国、了解深圳。

"我们已经不是在帮自己做事情，我们是在帮社会、帮深圳、帮国家做事情。"武凯说。

我想说，这是一个整合的时代，如果你能够整合别人，证明你有能力；如果你能够被别人整合，证明你有价值。如果我们不能被别人整合，也无法去整合别人，那么终将被这个时代所淘汰。

廊桥港湾，梦想中的国际港湾

武凯说，资源是在共享中产生价值的，金钱是在流通中产生价值的，人脉是在链接中产生价值的。你不链接，就永远没有机会。

怀着这样的初心，武凯和太太做了一家高端餐厅——廊桥港湾。这可不是一家普通的广东菜餐厅，这里承载着他的勇气和梦想。

"从来没有做过餐厅，你们哪来的勇气？"我很好奇。

"我们就是想打造一个交流的平台，一个国际交流的平台。廊桥，就是人与人沟通的桥梁。宝安属于前海，前海属于世界。我希望廊桥港湾能成为一个世界各国朋友休闲、交流的地方。"

武凯说。

2021年圣诞节，一段外国人跳舞的视频刷爆朋友圈。二十多个欧洲人，在武凯的廊桥港湾欢乐地开着派对，他们唱着，跳着，愉快地挥洒着心情。这个视频很快传遍朋友圈，外国友人又转给其他外国人。甚至还有外国人问我："Do you know Loungebridge Harbour Bay?"

让我感动的是，外国人在给廊桥港湾点赞，在给我们深圳人点赞！在给我们中国人点赞！

现在的年轻人很幸福，特别是95后的小海归。大家成长在一个高速发展的和平环境，都生活得很舒适。不过，武凯还是给了年轻海归一些建议：希望年轻人可以找到生命的节奏。对年轻人普遍会遇到的问题，武凯说，问题本身不是问题，看待问题的态度才是问题。所以，我们一定要摆正好心态，心态对了，一切都不会错。

还有很多年轻人好高骛远，希望能走捷径。武凯说，那条看上去最短的路，一定是死路。年轻人要往前走，向前看，不要想走捷径。这个世界上最大的捷径就是脚踏实地。很多人说他耿直，说他固执。可是，他就是如此固执地坚持一步一个脚印，才走到现在。

最后，他呼吁刚回国的海归，一定要加入平台。因为，未来的社会，是资源整合的社会。我们一定要学会抱团取暖，要相互整合。

武凯很爱深圳，他也在默默地为深圳贡献力量。他希望深圳人未来能够有一个标签。我们到国外的时候，可以很自豪地告诉外国人：I am a Shenzhener。对，就是那个腾讯、华为、大疆、迈瑞、华大基因在的城市。他希望未来世界各国人们用的产品，都和深圳息息相关。你上着微信，用着华为手机，飞着大疆无人机，在医院用迈瑞医疗设备，然后，还要使用华大基因的基因检测。这就是深圳力量，这就是海归力量。

作为一个深圳人，武凯说，他很自豪。

深圳海归航海俱乐部"头牌"
别怕即将结束，该担心永远不曾真正开始

奋斗方向：热爱点什么，才能与这个世界相爱
奋斗档案：黄晓
年　　龄：40岁
专业领域：航海
求学背景：澳大利亚麦考瑞大学
归国时间：2007年

履历简介：深圳2020年城市宣传片航海代表人物，洲游航海创始人。

我一直觉得，生命是一种活着的状态。有结果，你是生活的赢家；有状态，你是生命的赢家。而黄晓，就是最有状态的人。他是深圳市海归航海俱乐部发起人，同时又是海归音乐俱乐部的"头牌"，吹拉弹唱样样都会。再加上他酷爱运动，是一个运动天才。

生活不易，他就多才多艺；风雨人生，他就风生水起。黄晓在深圳海归圈子内，犹如神话传说一样的存在。他做了很多海归想做却不敢做的事儿。

他会所有的水上运动，还曾经组织海归小伙伴开帆船环游世界。

有一次，我在他朋友圈看到一个冲浪的视频。那是一个面容

姣好、身材无敌的澳洲美女,穿着比基尼,在海上踩着冲浪板滑行的英姿。我动心了,我要是能拍出这样的视频就好了。于是我问他,冲浪难学吗?他信誓旦旦地告诉我:"冲浪很简单的,我教你。放心吧,以你的聪明才智,一个小时就学会了。"

听说"一个小时就学会了",我十分激动,幻想着自己能像那个澳洲美女一样,在海上舞蹈,如果能拍出绝美的视频,那我就出圈了。尽管那时候是冬天,但为了能拍美美的视频,我也顾不了那么多了。在一个大冬天的下午,黄晓带我来到深圳湾游艇会准备出海。待一切就绪,黄晓教了我一些常识和基本动作,告诉我要注意些什么、等会在冲浪板上如何站起来等等,光是教我如何站起来,就说了快半小时。我心想,我看那些美女都是站在冲浪板上摆各种姿势,不站起来怎么摆姿势啊,站起来不是标配吗,你怎么就只告诉我如何站起来?我不解。

后来,我终于知晓了他的良苦用心。等我下水的时候,我才发现冲浪根本不是我想象的那么简单,整个过程,我都是被水拖着走的,整整拖了二十分钟。虽然我穿了救生衣,但是一直在喝海水,非常难受。我想呼喊停下来,可是我的头一直被浪压在海水里,不是我不想露出来,是我根本就露不出来。我的头都无法浮出水面,更别说站在冲浪板上跳舞了。这就是我人生第一次冲浪的真实状态。我只想说:看到的都是传奇,做到的才是奇迹!

黄晓看我不对劲,立马把我拉上船,说给我演示一下。只见他轻松地跳上冲浪板,站在冲浪板上,弄弄头发整整墨镜,开始轻松地在冲浪板上跳舞和摆pose,天哪,这个反差。我才发现,冲浪这项运动,真的不是谁都能学会的。

黄晓的光芒,在冲浪、帆船以及各类航海运动中,全部展现出来了。很多海归都是他的粉丝,大家都觉得他的生活很特别。

其实，你喜欢普通，就可以普通地活着；你喜欢特别，就可以特别地活着。他就是一个不走寻常路、喜欢特别地活着的人。

"海洋是我的归宿"

凡·高说，用树木去接触星辰，是大地的渴望。而黄晓觉得，用帆船去接触大海，是他的渴望。他小的时候就喜欢帆船，还没有出国前，就学习了有关帆船的基本知识，只是当时条件不太充分，实践经验不够多。后来出国去了澳大利亚，正好圆了他的航海梦。澳大利亚有很多大大小小的游艇会，而且航海事业也非常发达。这让黄晓非常激动，他太喜欢澳大利亚了。在国内接触的帆船，都是那种小小一块、很简易的帆船；可是澳大利亚的帆船就不一样了，那里的帆船竟然有大大的房间，还有客厅、冲凉房。在澳大利亚航海是一种享受，在船上，可以玩音乐，还可以做饭，这颠覆了黄晓的认知，也打开了他全新的生活方式大门。

那时候，帆船在国外已经非常普及。黄晓回到国内以后，发现国内的航海事业还非常落后。到2006年，深圳也才只有两家游艇会：浪奇游艇会和大梅沙游艇会。在国内，游艇貌似是贵族的运动，鲜有人玩得起。

毕业后，黄晓决定回国。他希望能继续推广他热爱的航海事业。国内的一线城市北京、上海、广州、深圳他都待过。他发现，中国最适合航海事业发展的地方，是深圳。深圳有全国最美的海岸线。因此，他来到深圳。

深圳有着优良的航海环境，但是，大家对航海的认知还不够。黄晓喜欢出海，喜欢开帆船，经常组织小伙伴出海。渐渐地，一传十，十传百，人越来越多，他们就干脆一起团购了一艘帆船。大家都很热爱帆船运动，参与这个俱乐部的人也越来越多。大家给黄晓起了一个外号：船长。他们经常开着船到处去游玩，刚开始去深圳周边，还有汕头、海南等。每到一个岛屿，大家就把船停下来，上岸看看，在岸上烧烤、做饭、唱歌、弹琴，享受自由自在的生活！

国内的航海事业不发达，很多岛屿都没有开发，配套设施不完善。于是，黄晓又组织大家开船到国外设施配套较为齐全的海岛玩，那简直是航海爱好者的天堂。

有一次，黄晓组织海归小伙伴开帆船环游希腊。

十八个海归小伙伴，坐飞机到希腊，然后再坐船去帕洛斯，帕洛斯是希腊的一个小岛。到了那里，他们租了两艘帆船：一艘单体帆船，一艘双体帆船。两艘船一出港，就有一群海豚跟着他们，在他们后面遨游，像是在为他们送行。船到了圣托里尼岛，小伙伴们准备下船上岛。曾经有几个小伙伴去过圣托里尼，可都是走普通游客路线上岛。这次由于是开帆船去，他们把帆船停泊在码头，然后他们走驴坡上岛。驴坡是当地人专用于运送物资的一条小路。这条路上有很多希腊当地人家，他们热情好客，还带黄晓一群人去看葡萄园，让大家品尝葡萄。大家都很兴奋，这是一次非常棒、非常珍贵的体验。

还有一次，黄晓组织大家去了北极圈。大家坐在船里看极光，追鲸鱼。在潜水艇里，透过透明的玻璃，他们还看到了可爱的海豹。

这样的生活，竟然是黄晓每一天都在过的生活。他说航海给他带来的改变太大了，让他的心胸变得特别宽广。每次遇到不愉快的事情，他就一个人开着船去海上放空。海洋的能量是无穷无尽的，他喜欢在海上冥想，享受在海上的宁静。

黄晓说，跟他一起出去玩的一个女孩，之前得了抑郁症。可是通过学习帆船运动，她跟着黄晓去了很多地方，她的心就渐渐变得开阔了。她说世界这么大，有很多有趣的事情值得她去探索。开帆船不是单独的运动，靠的是团队协作。大家一起开船，每个人都承担某份工作，合理分工，各司其职。她感受到了团队的温暖，她特别喜欢这种团结的、被需要的、爱的温暖。回来之后，她的抑郁得到了极大的缓解。她很感谢黄晓，也很感谢帆船和大海疗愈了她。

精彩的人生就是深度的尝试

黄晓告诉我，在国内推广航海运动其实有点难度。很多人都说怕晒，或者晕船，还有人说怕大鲨鱼。其实航海是一项非常安全的运动，在海上遇到大白鲨的几率就和中彩票一样。经常航海的人是很少听说有人在海上被鲨鱼咬的。每年鲨鱼咬人的意外事件还不及蚊子咬人致死多。还有人怕累，其实，航海运动是一种享受，不是一种承受。当你习惯了这种运动，你就会深深沉醉不能自拔。

海洋真的可以开启你一种新的生活方式，而深圳又是最适合航海运动的一个城市。深圳天气好，有着260.5千米海岸线，周边有163座岛屿。深圳是蓝色的深圳。黄晓说，深圳是适合年轻人追梦的地方。

生命并不是活了多少日子，而是记住了多少日子。我们要使自己度过的每一天都值得记忆。而留住时间的唯一方式，就是把它变成最珍贵的事物，比如航海，比如帆船，比如环游世界。黄晓说，疫情给他的航海事业带来巨大影响。疫情之前，他在美国、法国、新加坡都设立了工作点，并且做了自己的航海App，有航海旅行、航海教育培训、航海体育运动赛事等。本来每年都要举办航海企业家帆船赛，但因为疫情，也只能延期。现在，他又能回到他最爱的海洋。海洋不仅仅是他的梦想，更是他另外一个心灵的归宿。

第四章　进击不断

我问黄晓："我现在才开始学帆船，晚吗？"

他告诉我，不晚，永远都没有晚的时候。黄晓的梦想是让一亿中国人爱上航海运动，过上航海生活。

不要害怕你的生活将要结束，应该担心你的生活永远不曾真正开始。黄晓的航海事业，才刚刚开始。

城市海外人才整体运营商
"深二代"这家店屹立不倒诀窍在哪

奋斗方向： 乐观和爱是创业的解药
奋斗档案： 陈基伟
年　　龄： 40岁
专业领域： 信息技术、微电子系统
求学背景： 深圳大学（信息工程学士）→英国利物浦大学（微电子系统硕士）
归国时间： 2007年

履历简介： 立方汇创始人兼总裁、深圳市海外高层次人才"孔雀计划"C类人才、深圳市青年联合会委员、深圳市理想青年创业服务中心主任、深圳市人力资源局颁发的首批"创业导师"、粤港澳大湾区青年协会人才发展委员会主席。

天塌下来还有高个儿顶着

和陈基伟的相识算是缘分使然。曾经的他在深圳市外国专家局工作，深圳市海归协会因为业务关系需要经常跟外专局打交道，他成了我对接的"领导"。当时，我对这个"领导"还不是很熟悉，只是知道，这位"领导"是英国回来的海归。

一次采访中，我问他："在创业的过程中，你遇到过坎吗？"

他依旧笑眯眯地说："人生就是由各种坎组成的呀。创业就

是一个跨越坎的过程，跨着跨着你就习惯了。"他说得很轻松很简单，但我知道这种轻松背后是无数的泪水和隐忍。陈基伟告诉我，人活着会遇到无数个大大小小的坎，要么死去，要么过去。他有一句创业名言："不死，都是好转反应。"乐观的人，总是在困难中找办法。

很多人希望创业中没有"坎"。但是，比起"没有坎"，有时候我们更需要拥有"带着坎生活"的能力。带着"坎"去生活，生活会逐渐地、不知不觉地越来越接近我们要的答案。人生不可能一帆风顺，遇到各种坎才是常态。

和陈基伟认识这么久，我发现他有一个特点：不管发生什么事，首先都安静且愉快地接受；勇敢地、大胆地而且永远微笑着接受一切。或许人生就是这样，活着，笑着，哭着，高潮，低落，不停折腾着。

陈基伟说，创业是一种生活方式，更是一种态度。把创业看成一种刁难，再美好的时光也是一种折磨；把创业当作一种雕刻，再苦难的日子也是一种享受。他觉得创业就是一种人生的雕刻。

创业需要顺势而为

陈基伟是"深二代"，1983年随父母来深圳，之后去深圳大学读书，毕业后去英国利物浦大学攻读微电子专业。现在的他看起来目标感很强，对事业非常有规划，对公司未来的发展把握得很精准。可是读书的时候，他却没有主见，从小到大的人生，都是父母安排与策划的。英国毕业后回国，陈基伟就进了政府部门。那个时候，能够进深圳市外国专家局当公务员是非常不容易的，很多海归都希望毕业后能够进入政府部门，因为机关单位稳定且职业发展有持续性。陈基伟在外国专家局工作了五年，别人羡慕他，可是他想有自己的人生选择，他郁闷了。机关的职业发展，有着明确的晋升方向，也就是说，从你进去的那一刻起，如果没有太大意外，你的人生也就按着设定好的阶梯一步一步往前走。你大概可以看到未来三十年，是什么样子。

陈基伟开始思考：这样的人生是我想要的吗？

"这不是我想要的人生！"于是，他决定创业。

创业是很多年轻人的梦想，一拍脑袋就能开公司。只是，这公司能否活下去，就不是拍脑袋的事儿了。对于陈基伟和他的几个年轻兄弟来说，他们最不缺的就是激情。激情过后，就要开始面对现实。不经历现实的残酷，不被现实毒打，他们可能一直不能直视创业的本质。陈基伟发现，创业不是几个兄弟打打闹闹、发挥义气就能成功。创业是一门系统学科，你需要具备非常强的综合能力和解决问题的能力。这次创业无疑是失败的，没过多久就散伙了。

不过，在哪里失败就在哪里站起来。反正，创业这条路是走定了。陈基伟开始思考，到底创业需要什么？经过深思熟虑，结合自己的经历、学历和阅历，他发现最适合他做的是与政府相关的工作，这打开了他的思路。

首先，陈基伟在深圳市外国专家局工作了五年，对深圳支持海外人才的政策十分了解。其次，他是"深二代"，在深圳有良好的资源优势。最后，他是海归，了解海归，又有海外的高校及海外校友联盟的资源。那么，为什么不做一个链接政府和海归的平台呢？经历过一次失败的创业，他知道海归创业最容易遇到的困难在哪里、海归需要哪方面的支持和帮助。如果他能搭建一个平台，一个能帮助海归解决实际问题、同时又能帮助政府吸引高层次人才的平台，那么，作为"深二代"海归的他，才真正发挥了自己的优势。

于是，他创立了立方汇。他自己是深圳市引进的海外高层次人才，他知道政府对这类人才的需求。同时，他知道政府的思维逻辑和行为模式。他是非常好的政府助手和企业伙伴，立方汇就是政府和企业之间沟通的桥梁。

我很好奇："为什么你只服务海归和港澳创业者呢？不服务国内创业者吗？"

"国内的创业者通常不愿意为咨询服务买单，他们更愿意为你实实在在帮他们做了什么事付钱。可是海归和港澳的创业者对咨询服务付费这件事，就很容易接受，因为他们在海外的生活环境，会让他们耳濡目染咨询服务的价值，他们会更倾向于选择我们这种专业的服务机构。"

在深圳，陈基伟有七个海归孵化空间，这里就是海归创业者的家。"只要你是优秀的海归创业者，你就可以免费入驻这里。"同时，空间还会为你提供各种咨询服务，帮你链接政府。他的孵化空间有三百多位海归企业家，而且每年会接触近百个回国创业的博士团队。立方汇已经发展成为深圳最大的海归孵化空间，也有一定的名气，连海外的媒体都报道过立方汇。

时代不淘汰新人，不淘汰老人，只淘汰不懂它、不和它一起玩儿的人。创业中的关键点，就是把握趋势、顺势而为。一个人的成功，是"能力—站位—趋势"的多层体系，如果努力了还没有成功，就要看看站位和趋势对不对了。陈基伟对趋势的把握就是：跟着政府走、寻着政策走，这样才不容易走弯路。

创业并不稀奇，稀奇的是遇到支持你和爱你的伴侣

常人说，女人因优秀而孤独，男人因孤独而优秀。陈基伟说，他就是一个孤独的人。优秀的创业者都是孤独的。但孤独不是寂寞，他并不寂寞，他有很多好朋友，还有爱他支持他的太太朱玲玲。

"我和玲玲很早就认识了,在我的认知中,玲玲她不仅仅是一个伴侣,她更是一位伙伴、一位战友、一个灵魂支柱。"陈基伟说,2013年他辞职准备创业,其实内心非常焦虑。但在深圳的创业者中,他不算是最艰难的。因为,他家在深圳,父母在深圳有房子,自己也有房子,他不需要承担养家的压力。即使创业失败,他也还有家可以回,有饭可以吃。

但是,从来没有创过业的他,还是非常焦虑。未来会怎么样?创业失败怎么办?别人会怎么看?未来有太多不确定性了。

加上那时候他刚成家,第一个宝宝刚刚出世。这样的生活情况,不容许他失败,因为他是家里的顶梁柱。幸运的是,他有一个温暖且有力量的伴侣朱玲玲。

就在他不知所措的时候,玲玲对他说:"亲爱的,不用担心。我全力支持你创业。就算创业失败了,我们也能在天桥底下摆个摊,我们一定能过上很好的生活。"

玲玲的一番话,给了陈基伟勇气和力量,让陈基伟无后顾之忧,安心创业。他知道,坚持了不一定成功,但是放弃了,就注定会失败。漫漫创业路,他不是一个人在承担,也不是一个人忍受着孤独与寂寞,他还有一位可爱的、温暖的伴侣,做他坚强的后盾。即使得不了桂冠,坚持过后的他,也会博得掌声。这掌声,就来自于他的爱人玲玲。

立方汇成立后,玲玲也一直与陈基伟并肩作战。作为公司的合伙人,玲玲早出晚归,白天在公司工作,晚上还要回家照顾孩子。2020年,他们第二个宝宝出生了。

我问陈基伟:"你们夫妻档创业,会影响夫妻感情吗?"在我印象中,关系再好的夫妻,在公司运营里,难免会有摩擦和争执。

"当然会有。我们也有理念不一致的地方。"他回答。

"那你们都如何解决呢?这些不一致会影响公司发展吗?"

"我们都靠沟通解决。遇到问题了，我们就沟通。我们的目标是一致的，就是希望公司好。只要这个目标不变，其他都好说。再加上，我们会一起去学习，一起上课，一起成长。"

这一点我特别有感触，陈基伟和朱玲玲都是我的同学。我们经常一起上课，上战略课、个人成长课，或者企业管理课。

"我们俩意见不合的时候，并不会影响公司的发展。我们公司有一个战略决策委员会，这个委员会有五个人，每次公司有重大决策的时候，要五个人投票，当然，最终由我来拍板。所以，很多时候，我们的决定是很客观的。"陈基伟告诉我。

海归协会和立方汇有些工作上的接触，我都是和玲玲对接工作，她真的是一个有爱、有温度、善良又努力的人。很多时候，她用行动在告诉我，在公司里，她就是一位合伙人；在家里，她是父母的女儿、孩子的母亲、先生的太太、公婆的儿媳。

陈基伟说：活着活着才发现，原来世界上真有那么一个人，用自己内心爆满的热情和爱意，化作一道光，带着他坦荡地穿透人生中的一次次阻碍，而朱玲玲就是这道光。

乐观和爱是创业及生活的解药，今天不容易，明天可能会更难，但后天终将美好。迎着阳光，温暖前行，生活不论好坏，每一天都是限量版。带着爱去创业，会让创业更有力量！

伸手不见五指却戴墨镜
玩私人专机的他不只会"装"

奋斗方向：学会变通，走出舒适区
奋斗档案：陈柏儒
年　　龄：42岁
专业领域：航空
求学背景：美国南加州大学（计算机软件工程学士）
归国时间：2011年

履历简介：2011年归国创办星雅航空，任执行董事、总裁；与国内外各行业代表企业进行资源跨界整合，以航空专业产品和服务帮助合作伙伴提升商业竞争力；连续两年受邀参加胡润百富一年一度的"中国最受尊敬企业家颁奖晚宴活动"，曾获得"2016胡润未来之星"和"2017胡润未来之星"个人奖项。2017年，带领星雅航空进行战略布局，逐步将公务机、直升机和航空基础设施三大业务开拓至全国乃至海外，成为国内通用航空领域的年轻创新者之一。目前担任深圳市海归协会副会长、深圳商业联合会副会长、广东省通用航空协会副会长、广东省航空联谊会名誉副会长。

成长的第一步需要走出舒适区

人生很多时候，"唯一"比"第一"重要，"特别"比"完美"重要，"有趣"比"有用"重要。而陈柏儒的生活，好像涵盖了上述所有的特点。他做的是航空事业，每年有无数次飞行，在蓝天白云翱翔是他向往的生活。在我们所认识的海归小伙伴中，他是唯一一个做航空事业的人。他的人生虽然不完美，但是却很神秘。想象一下，每天都和空姐空少在一起工作，人家是开车，你却开飞机，是不是很特别？天天开车可能觉得很平常，但天天开飞机，你会不会觉得很有趣？

我和陈柏儒认识十四年了。第一次见到他，是在2009年12月25日圣诞节的晚上。那个时候深圳市海归协会还没有正式成立，我们自发组织了一个海归圣诞派对，现场来了两百多名海归。只记得那是一个寒冷的夜晚，我坐在角落和朋友聊着天，突然，一阵寒风袭来，一个长得很帅气的男生走进来，他的帅气中，还带着点"耍酷"。只见他穿一袭黑色的西装，在伸手难见五指的派对上，竟然戴了一副黑漆漆的大墨镜。他也是那天晚上唯一穿黑西装还戴墨镜的男嘉宾。我当时就纳闷了：这么黑，他能看见啥？

后来，朋友介绍我们认识，我才知道他是从美国南加大回来的海归。当时他给我的感觉就是，这个男人太装了，太高冷，好难接近。从那一刻开始，我觉得我跟他不是一个世界的人，应该也没有太多的交集。

后来深圳市海归协会筹备成立，陈柏儒一直参与其中。好几次我们举办海归派对，他都主动联系我，问我需不需要赞助。每次有需要的时候，他也是慷慨解囊，有的时候赞助钱，有的时候赞助礼品。总之，他很讲义气也很大气。我不禁收回了对他的成见，心想，是不是我误会他了，感觉他是很真诚很务实的人，并不像我第一次见到他时那样，高冷和有距离感。不久后，他成立了海归圈中第一个也是唯一一个以航空为主题的公司——星雅航空，成为我们朋友圈中的传奇。他告诉我，因为他父亲就是从事航空业，所以他"子承父业"，一直深耕这个行业。

在我的印象中，陈柏儒是非常外向的一个人，人际关系也很好。我们经常一起吃饭一起聚会。他说社交和资源整合，是他的长板，所以他的公关和整合能力非常强。星雅航空的投资人，是全国知名的投资机构；甚至有明星也加入了他的股东团队。但也因为他的强项在社交，从而忽视了公司管理和产品研发，所以，在创业初期，公司的团队极不稳定，产品设计也出现了问题，导致后来发生了问题，他才慢慢意识到作为公司CEO，他需要做出调整和改变。

人首先要能够面对人生的问题，然后尽可能去解决问题。问题并不可怕，可怕的是发生了问题还不调整。陈柏儒就是一个能面对问题，然后尽量去解决问题的人。

我问柏儒："知不知道这些年，你给我的感觉有怎样的变化？"

他笑了笑，好奇地望着我："说说看。"

"刚认识你的时候，我觉得你张扬、高调、不着调儿。但是，十几年过去了，我才发现原来你是这么务实的人，而且越来越接地气。"这就是我对他的评价。

从一个社交达人蜕变成公司最大的产品经理，这是需要勇气的。走出舒适区，对谁都不容易。但是对创业者来说，这又是必须突破和解决的问题。作为一个旁观者、一个好朋友，我看到了他的蜕变和成长。从一个社交达人变成具有管理能力的CEO和公司最能研发产品的人，陈柏儒做到了。

如果你抽不出时间创造你想要的生活，你就不得不花大量的时间应付你不想要的生活。他就是那个愿意为了自己的成长、公司的发展而改变和调整自己的人。

创新力和变通力是企业发展的灵魂

一个人想要成功，不能只是停留在喊口号阶段，还要让我们的行动力配得上我们的梦想，没有行动力，一切梦想都是空想。但行动力也要与时俱进，要融入创新和变通的灵魂。陈柏儒在管理公司、设计产品的时候，就不断地把创新融入行动里。

柏儒告诉我，他在做产品设计的时候，做了两大产品，也是他的核心产品。第一个是完善客户服务同时为客户创造价值。星雅航空帮助很多高净值客户做公务机托管服务，每年的托管管理费就要一千多万。为了能帮客户减负以及充分合理地利用资源，柏儒做了一款产品，把客户公务机的闲散时间租出去，放到市场上。这样可以让大众体验到公务机的服务，同时，也能为客户创造价值。因为疫情的影响，很多客户的收益都不太好。这样的举措不但能为客户创收，还能有效地利用资源。这是一个多赢的局面。

另一款产品也是星雅航空的招牌，那就是开着公务机去旅行。比如说，他们设计开公务机去大草原骑马，几个家庭、三五好友结伴，不但可以体验公务机的高端享受，还能自由选择时间去到大草原，享受草原的广阔与自由。

柏儒跟我说，他最近还在设计一个新的产品，这款产品可以让更多的普通人都能体验公务机的服务。他问我："安妮，如果我有一款产品，始发地是深圳，终点是上海，让大众体验公务机的服务，你认为要如何收费？"

我想了想，深圳到上海的公务舱大概6000—7000元。那么，如果是公务机，最多也只能乘坐8—12位乘客，我就随口说了一个数字："我觉得定价是8888元。"

柏儒笑了笑说："我们马上推出这个优惠产品，价格会比你这个低，等着看吧。"

与其羡慕别人过得好，不如羡慕别人为优秀而做出的改变。柏儒一直在创新产品，一直在调整自己的设计战略。所有的一切，都是为客人服务。他说，销售做得好，不如产品做得好。销售做得再好，如果产品不好，也会砸自己招牌。但如果产品设计得好，有内容有创新，客户自己会找到你。所以，产品的质量和产品的创新是企业的灵魂。

成年人的自我成长和改变不是那么容易的，它需要重新审视自己，撕裂自己，再重建自己。但是，经历了这个过程，你会看见自己的突破和改变。

社会责任和爱

公务机一个很大的职能是医疗转运。曾经有一次，一位癌症病人需要在特定的时间飞去中国台湾见一个国际顶级的医疗专家做手术。这个专家约了很久约不到，最终定了这个时间，不能修改。可是那个时候的天气条件并不好。台湾有台风登陆，虽然大陆的起飞条件符合，但是很有可能不能着陆。如果真遇到那样的情况，航空公司可能面临巨大的处罚。这是一项重大的决定，柏儒也考虑了很久，一边是救人一命，一边是有可能被吊销牌照。顶着巨大的压力，他还是决定起飞。对他来说，救人一命比什么都重要。最后，在他的协调和控制下，飞机安全着陆，病人顺利进行手术，手术很成功。后来，这位病人也表达了对柏儒的感谢。收到感谢的那一刻，他觉得非常欣慰和暖心。其实，考验一个人的关键就是，在特殊的时刻你是否做得到：顶住压力，保持定力，展现能力，体现魅力。

我问柏儒："你的愿景是什么？你觉得中国的航空业最终会发展成怎么样？"

"现在我们做的是高端公务机业务，我会在这个领域继续深耕，将星雅航空打造成在行业内有口皆碑的品牌。但未来，我希望能做廉价航空。现在中国只有三亿人坐过飞机，大部分的老百姓还是选择地面出行。我希望有一天全世界都能普及航空出行，也希望有一天能降低飞行成本，让每个人都飞得起。这也是我未来努力的方向。"

柏儒说他非常热爱航空行业，每一个阶段他都会做好这个阶段的事，他希望未来更多的人了解航空业，希望大部分中国人都能选择平价的航空出行。他说他是纠结的双子座，但唯独在努力工作这件事上，他从来没有纠结过。

成年人的世界没有容易二字，你敢全力以赴地努力，上天就敢明目张胆地偏爱。认真工作、热爱生活的人，会一直被老天眷顾。热爱工作的陈柏儒，也被上天眷顾着。

海归追寻做自己
款款独行，我做自己

奋斗方向：责任心

奋斗档案：彭丽珊

年　　龄：32岁

求学背景：日本北海道札幌大学（经营管理专业）

归国时间：2013年

履历简介：2013年回国后，在上市公司"欧菲光"从事项目助理工作，两年内晋升到销售工程师，负责海外亚马逊客户和苹果客户的项目业务。2016年进入深圳市海归协会秘书处，从秘书长助理到会务部主任，负责公关、活动策划统筹、会务运营管理。

当你的优点足够明显，你的缺点可以是特点

丽珊（Chloe）是从日本留学回来的海归，2016年夏，她应聘入职成了我的助理。这不是我的第一个助理，却是跟我时间最长的助理。我为这个小助理，可谓是操碎了心。六年时间的打磨，我和她的关系从上下级慢慢变成了战友。她是一个非常爱迟到、没有时间观念的人。记得2018年有一次出差，我们约好了在机场等，一起安检进去，结果，我身为她的上司，在机场足足等了她半个小时，差点就误机。也不知道她是幸运还是不幸，遇到了我这个从来不迟到的上司。因为迟到这个事情，我已经试过从举

第四章　进击不断　　147

例、教育到斥责等各种方法，仍然没有根治她的毛病。迟到都还好说，只要不误事最后我还是能包容。只是她的"低情商"，却给我带来了不少麻烦。

2016年她刚入职，碰巧我和会长去湖南长沙出差。那天，我的手机被打爆了，一个又一个同事都打电话来投诉她，说她跟人吵架，又甩脸又摔桌子。当时我人在外地，也解决不了什么问题，只能安慰同事，一切从长计议，大家都是在一个办公室工作的，有什么话要好好说。然后我打电话给她，她在电话那头也说了一大堆她认为对的观点。协商了一通，我也累了，时间已至凌晨。

会长知道了这件事，他问我："安妮，你确定你还需要这个助理吗？你确定你的事情她能处理得好吗？"这是一个非常好的问题。那时候她刚入职不久，我对她也不了解。说实话，我不确定。可是我转念一想，这个女孩给我的印象是不错的，很努力，不浮夸不造作，是可造之才。话说，事情也还没弄清楚，谈什么放弃，她也没来几天。要不就再试试吧，于是，我决定再观察看看。

这一观察，她在我身边一待就是六年，她担任的职务是深圳市海归协会秘书长助理。说实话，这六年如果没有她，我可能会非常非常辛苦、特别特别忙碌，而且很多事情，会让我不知所措。这六年里，Chloe在待人处事上依旧是那个"没有情商"的Chloe。有一次她拿了一个年会设计稿去给会长确认，会长说了修改意见，她不同意，坚持自己的观点想要说服会长。她的一顿质疑和反驳搞得会长生气地给我打电话："安妮，这个Chloe太没脑了。"每一次都要身为上司的我去帮她熄灭领导那边的火，然后再教她怎么处理。

我问她发生了什么事，她告诉我缘由。我跟她说，你认为的对的不一定是好的。设计审美这东西是很主观的，领导的定夺有更深层次的考虑。类似这样的事情真的太多了，渐渐地她貌似听懂了，也知道了什么是她分内应该做的，不再坚持她认为对的观念。

在协会的工作中，我听得最多的就是会长跟我抱怨"这个Chloe真的太没脑了"。她就是这样，有的时候执着得让你无语，但是，你又无法离开她。她对工作的责任感，让她整个人闪闪发光。从入职到今天，她已经做了数十场大型活动，每次活动前，她都是几个通宵几个通宵地加班，但从来都不会主动让我知道。加班这件事情，在她那里就是对工作尽责理所应当的事情。好几次我都是从别人那里听到她在加班，或者是她带着团队在加班。

她第一次接手协会年会策划时发生的一件事让我印象深刻。有一天半夜十二点半，我准备睡觉了，突然电话响了，是跟我们合作的活动策划设计公司老板（也是我们协会的理事）打来的："安妮，可不可以让你助理赶紧回家，现在都快一点了，她还在我办公室抓着设计师赶设计图，她说做不出来不让人家下班。"然后发来一张照片，只见Chloe坐在设计师旁边让对方赶快改图出图的一个背影。

大家都说她情商低。在她那里，工作永远都是第一位，那些职场上的"人情""世故""情商""心机"根本进不去她的心里。在她低情商的背后，是满满的责任感。而一个责任感强的人，走到哪里，都令人尊敬。

低情商是缺点，但是当你的优点足够明显的时候，你的缺点可以是特点。

全力以赴不是能力问题，是习惯问题

Chloe是一个责任感很强的人，而这种责任感，塑造了她的习惯。

2018年，好朋友邀请我去内蒙古玩，我想带上Chloe。那个时候刚好是2018年女性论坛的筹备期间，如果我带她去的话，万一活动受到影响了，麻烦可就大了。于是我问她："如果我带你去的话，女性论坛怎么办？你能保证不出问题吗？如果招商时间不够、钱不够怎么办？"她作为这个活动的第一责任人，需要为活动的成败负全责。

"安妮姐，我保证活动会正常举办，并且不会有任何闪失。我会对这个活动负全责。您放心，我这边一定会安排好。如果亏钱了，我来兜底垫付。"听到这，我内心其实是很满意的。其实活动的顺利与否，是大家共同努力的结果。哪怕真的出现了问题，我也不可能让她一个人兜底。但是她却是第一个作为下属跟自己的上司表态"愿意兜底垫付"的人，她的这种勇气和决心，以及对工作的责任心，打动了我。我觉得这样有责任心的人，她工作的结果一定会有保障。其实，全力以赴，不是能力问题，而是习惯问题。Chloe这种对工作全身心的责任感已经成为了她的习惯。

记得有一次在我组织的饭局中，Chloe认识了魏海泉。泉哥是我朋友圈中的马拉松冠军，长期跑马拉松，据说靠跑步减了一百斤。Chloe和泉哥刚好坐在一起，他们聊得挺欢，泉哥听说我的小助理要跑步，非常开心："安妮，把她交给我，我一定让她养成跑步的习惯。"

于是乎，就这样过去了一段时间。我们在内蒙古旅游的时候，有一天从外面回到酒店有半个小时的自由时间。Chloe对我说："安妮姐，那我可不可以先走开半个小时去跑步？"我惊讶："可是我们等下马上要去吃饭了，你要去哪里跑？""我就围着酒店外面跑，魏总拉我进的跑步群里，每个人每周要跑完十五公里，要在周日之前交任务。我还差五公里，今天已经周日了，刚好现在有半个小时，我想现在去完成它，万一等会还要喝酒呢。"果然，她还是一如既往的"拖拉"，只是，她总是能在最后时刻完成任务。在她的字典里，要么就不答应你；如果答应了，想方设法也要做到。

2019年初，秘书处同事们做年终复盘，每个人都要说说自己这一年的成长。Chloe说这一年最大的收获是坚持一年下来跑了78个小时，600公里。她从来没有想到自己能成为一个能坚持跑步的人。她以为这是她做不到的事情，可是万万没想到：你以为的极限，也许只是你的起点。

人的成长是需要以具体的事情作为载体的，不是因为成长了才能完成某个任务，而是完成了某个任务才能成长。Chloe的成长，就在一个个小事情中，逐步体现着，而她已然形成了对许诺的每一件事情全力以赴的习惯。

"一生所寻不过爱与自由"

不熟悉Chloe的人可能看不出她是一个挺任性、爱自由、我行我素的人。

别人的助理，都是帮上司"挡风遮雨"。我的助理，却是我帮她"挡风遮雨"。我知道她不喜欢喝酒，她说不喝酒的原因是不喜欢酒精也不喜欢应酬别人。每一次饭局，我带她出去吃饭，都不用她喝酒，别人劝酒的时候，我都说："我来喝吧。"她就会在后面接一句说："我帮领导开车，我送秘书长回去。"她告诉我，她内心是有些小傲娇的，她不会为了拿下这个订单，又或者为了哄这个人开心，而去刻意地应酬他，她更加希望坚持内心的意愿"我喝酒是因为我想喝，而不是为了你才喝"。

有一次她来接我，我突然发现她的车空调坏了，其实这不是我第一次碰到她车坏了的情况。我跟她说她的车是不是空调坏了不制冷。她说没关系，反正这个车经常有小毛病，回头修一下就好了。

我问她难道她不烦吗，如果我开一辆车，隔三岔五地出问题，我一定把它给换了。她回答我说不烦啊，这是她选择的，她就是喜欢，是因为喜欢才选择它，不会因为小毛病就嫌弃它。她选的是一个很小众的汽车品牌，她说她就是喜欢和别人不一样。

她是个不在意别人怎么看她的人。认识她六年，我发现她一会儿胖一会儿瘦，一会儿力量运动每天健身房打卡，一会儿又开始吃喝模式享受大好生活。她说胖了就胖了，没关系的，反正过段时间努力努力又会瘦的，她就是这样非常地"想得开"。她给我分享过一句话："一生所寻不过爱与自由。"现在的她还是这样，是那种会很努力、很上进，也会很自我、很任性，在人生道路上边奔跑又边走边看风景的人。

20岁有20岁的美妙，30岁有30岁的笃定

Chloe在协会工作已经第六个年头了，前段时间她向我提出离职，想出去外面试试。我特别支持她这个决定，我不但支持她离开，我还想帮她，成为她的战友。同时，我也特别感谢这六年她对这个平台的付出。我问她："这六年，你觉得你最大的收获是什么？"

她跟我说了三件事。

Chloe说她收获了她想要的认可。在协会的六年，她特别感谢能遇到我这样一位对她包容的上司，我对她的信任和教育，让她学会做人做事的方式，并且找到自己的价值所在。她回忆道，有一年她第二天要通关过香港，但是港澳通行证过期了，临时深夜不知道哪里可以续签。那天晚上10点多，她发了一个朋友圈，咨询万能的朋友圈哪里可以机器办理港澳续签。结果不到15分钟，她足足收到了五页的朋友圈评论回复，有一些是她经常联系的朋友，有一些是只见过几次交流甚少的人，还有一些是从来没见过

面的"职场网友"。那一刻,她感受到自己被认可,这种被认可的感觉让她觉得自己的付出变得无比有意义。只要你做好自己、默默付出,你的人设就在别人心目中慢慢建立。

在协会工作六年,她还是没有改变她的脾气。也不能说她这样子是错的,只是她比其他人更强调公正和公平。她跟我说从小家里就教她分辨什么是善恶,什么是对错。直到现在,她也还是那个坚持要分清对错的人。在她离职交接的这段时间,发生了一件不愉快的事情。在我们看来,这件事情的对错不重要,重要的是结果;但是在Chloe的价值观里,她还是很希望坚持自己认为是对的。尽管她没有得到自己最后想要的结果,但是在采访的这一天我问她:"再来一次,你还会这样做吗?"她毫不犹豫地回答我:"会的,这个世界总要有人不一样,做些大家都不会做的事情。"Chloe还是那个爱憎分明的Chloe,她看到有人插队做核酸、不听医护人员劝告的时候,没有人敢出声,她愿意站出来帮助医护人员劝退插队者。"大多数人都会选择不吭声,默默排队,在心里骂那个插队的人;我不要,我要帮助工作人员,不管最后能不能帮到,不对就是不对,最起码我让医护工作人员感觉到我是站在她那边的。"她还是没有变,就像她描述的自己——"看样子这个世界依然试图驯服我,但我会依旧优雅地挣扎到底"。

然而在这次采访谈话中,她还告诉我,经过这么多年的打磨和锻炼,她学会了在任性自我中"换位思考"了,虽然世界无法变成她想要的样子,很多时候她还是会去坚持她内心的想法,但是她更多了一份理解。"我不一定认同和接受,但我会去理解对方为什么会这么做。"在她跟会长提出离职的时候,她本来以为会长会因前段时间发生的事情对她一顿批评教育。结果会长并没有去指责她,也没有认为这次离开是她的赌气行为。站在一个领导的角度,会长很务实地从她在协会平台那么多年的付出和积累、协会工作的阅历、协会工作的职业天花板、适合她的职业道路出发，给了她切切实实的规划建议。Chloe跟我说，虽然她想象的不一样，但是领导从自己的实际情况伸出了援手，她觉得很感动。

这么多年过去了，她还是那个爱憎分明的她，她还是那个爱迟到的她，但是她心中有爱，眼中有光，责任心拉满，对生活充满热忱，对世界充满善意，在努力生活的道路上，把每一天都日子都过成自己想要的样子，每一天都在做她自己。

其实，这个世界不属于有钱的人，也不属于有闲的人，这个世界属于有"心"的人，这颗心，可能是"黑白分明之心""是非善恶之心""包容隐忍之心"，而最最重要的，也许是Chloe的那颗满满的"责任心"，那颗无论是对工作还是对自己都十分到位的"责任心"。

国瓷传承人心系员工
疫情暴发，他的公司坚决不裁员

奋斗方向：与时俱进

奋斗档案：刘东豪

年　　龄：34岁

求学背景：英国米德尔塞克斯大学（商务管理学士）

归国时间：2012年

履历简介：国瓷永丰源第六代传承人，非遗红釉彩瓷烧制技艺"满堂红"传承人。2012年回国后积极投入到陶瓷技艺的传承和发扬中去，将海外的开放思维与陶瓷传承相结合，在继承传统的技艺的基础上推陈出新，为传统行业注入创新因子。现任国瓷永丰源集团营销中心总监，带领团队负责品牌宣传、市场营销、渠道拓展等工作。

疫情期间不减薪不裁员

刘东豪是我认识的家族传承接班人中，最有高贵气质的人。这种气质体现在他们家族的精神力量中。

2020年疫情暴发，对瓷器这种传统行业的打击非常大。国瓷永丰源本来是一家非常有竞争力的企业，在疫情前接到了很多订单，可是疫情暴发，订单被暂停，公司的运营一度陷入危机。为了帮助企业复工复产，我和南方都市报的几位记者找到东豪，希望能帮助他们做一场公益直播，希望借助直播的力量，帮助永丰源渡过疫情的难关。

　　整个直播的过程都让我非常感动。疫情是天灾，天灾降临，民营企业生存艰难。对于有四千名员工的传统瓷器企业来说，这一关真的很难过。很多企业为了渡过难关，都考虑降薪和裁员。可是永丰源有四千多名员工，很多员工一毕业就来到永丰源，有的一待就是二十年。他们把毕生的时间都献给了企业，如果降薪裁员，影响的可能不是一个个体，而是个体后面的每一个家庭。可是疫情来袭，工厂开不了工，门店必须关门，四千多名员工的工资和租金，都不能停，也不能断。这可是一笔巨大的开销，整个企业都处在停滞状态。东豪和父亲经过慎重的考虑商议，最终决定：不减薪不裁员。

　　但是，他们要想办法渡过这个难关。于是，他们在疫情期间推出了一款家用瓷器套装"幸福礼"，寓意是希望人人都能家庭和睦幸福，希望大家在餐桌上用餐的时候，能感到幸福。因为对深圳有着特殊的感情，而深圳1980年改革开放，所以这套原价五六千的瓷器套装，现价只需1980元。公司准备了三万套，希望能通过促销的方式，快速打开市场，回笼资金，能让公司不减薪不裁员，同时也能让疫情期间的社会感受到这种幸福。

　　说起来容易，做起来难。疫情当前，大家对未来非常迷茫，别说1980元了，就算198元，也不知道是否会有人买单。东豪和父亲把这个消息告诉公司所有的员工，希望大家能支持公司的决定，全力以赴推广"幸福礼"，让公司尽快回笼资金。其实，东豪和父亲心里都没底。他们本来以为这是一个艰难的决定，本来以为会得到全体同事的反对和不认同。让人意外的是，一位在公司做了很多年的保洁人员，默默地举手说："老板，我认购两套。"之后，手陆陆续续举了起来，三套，四套，五套，十套。就这样，几千名同事都开始认购，大家同舟共济，支持老板的决定，同心协力，万众一心。就这样，三万套很快抢购一空，并且又生产了两万套。最后，这套"幸福礼"一共卖了六万套。

国瓷永丰源的陶瓷，不是普通的陶瓷。她有着中国文化的DNA、德国的工艺技术、日本的质量标准、英国的品牌宣传和输出。永丰源是G20国际峰会和冬奥会指定供应商，在全球都享有盛名。而这些声誉的背后，是这几千名员工辛勤和努力的成果。

所有的好运，最后都是人品的积累。国瓷永丰源的高贵，体现在创始人和接班人人品的高贵上。东豪是国瓷永丰源第六代传承人，他跟我说，早在两百多年前的清朝末期，他们家族就在做瓷器，到现在已经第六代。他作为80后的海归接班人，将接力父辈的使命，而这种接力，不仅仅是企业的接力，更是精神文化的接力。

吃亏是福

富贵富贵，富有不代表高贵。富有可以代表财富，但高贵一定是精神上、灵魂上和人格上的。东豪说，家族传承的核心是为人处世的传承。东豪小的时候，爷爷跟他说："吃亏是福，不要太计较得失。"等东豪长大了，父亲又对他说："做事情要先学会做人，不要占别人便宜。"和其他富二代不一样，东豪在伦敦毕业以后回到公司，并没有高高在上地从事管理岗位，而是领着三千元工资做一个业务跟单员。在东豪看来，自己并没有什么特别，他只是永丰源这个大家庭中的一员，而他也要扛业绩，也要看人脸色，也要小心处事。

曾经有一次，东豪为了见一个客户一面，在客户那里等了三天。他就默默地等着，也不说话，也不张扬。有一天，客户回到办公室了，东豪就在他办公室门口站了五个小时。作为业务员，他不好意思突然敲门进去，这样会让客户觉得他很冒失，所以，只能一直等，一直等。客户知道他在门口，故意刁难他，让他等着。东豪说，他不怕客户对他印象不好，就害怕对他没印象。任何事情都需要讲究缘分，这次印象不好，下次一定有机会改变印象。对方是长辈，他也不能硬闯进去，自己年轻吃点亏受点苦不算什么。于是，他用行动让客户知道：这年轻人，和别人不一样。

梦想有多珍贵，现实就有多艰难

东豪说，他对瓷器是有感情的，从小在瓷器的氛围里长大，基本上时时刻刻都和瓷器生活在一起。虽然他是第六代传承人，但是这个品牌是属于大家的，是属于社会的，是大家共同建设的结果。瓷器的英文名叫做china，而china也有中国的意思，中国的文化传承，也体现在瓷器的传承上。瓷器代表的是每个时代的面貌，她是有灵性的、有生命力的。

"企业运营过程中，你有遇到困难吗？"我好奇地问他。

"我们遇到最大的困难，是同行的恶性竞争。"东豪突然给我看一张照片，照片里的产品和国瓷永丰源的产品一模一样。我好奇地问："这是你们的石榴家园产品系列吗？"

"这是模仿我们的产品。"上网搜索一下，到处都是模仿国瓷永丰源设计的瓷器产品，生产地有的是潮州，有的是景德镇。很多同行不考虑版权侵权就套用了永丰源的设计。对于消费者来说，有时候很难辨别哪个是真的，哪个是假的。所以，在做市场推广时，永丰源的压力很大，只要是出彩的设计，就容易被盗用。东豪告诉我，现在公司的运营成本很高，他们不仅仅是一家瓷器制造企业，他们还包揽了全产业链，从原材料到生产到品牌运营到最后的终端客户。这中间，最难做的是品牌运营，因为品牌的投入是无止境的。永丰源是中小企业，为了做大做强，这其中的每一个端口都需要完善，都不能忽视，更不能掉以轻心。做不好的地方就要去学，一次又一次的投入，都是为了给客户更好的体验。说到底，永丰源是一家做体验服务的公司。

"以前是中国制造，现在我们要打造中国品牌，消费升级后，我们要让品牌出海。我们要告诉全世界，国瓷永丰源是世界顶级的中国陶瓷品牌。"东豪很自豪地告诉我。

"你现在遇到最大的困扰是什么？"我好奇地问。

"能力不强算吗？"他笑了笑回答我。

"我觉得你能力很强啊。"在我的印象中，东豪非常谦卑，低调，自律又很勤奋。

"我还是觉得自己懂得太少了。特别是在管理和经营方面，我的专业性不足，对整个市场的把握、商业规则的建立、渠道方面的拓展，都比较欠缺。我算是有点小聪明，但是没有踏踏实实体现在专业上。"东豪还是一如既往地谦虚和低调。

"在为人处世上，我可能表现得还可以。可是在商业上，我还是有许多不足。公司到现在有四千多人，我不仅要对自己负责、对家族负责，我还需要对这四千多个家庭负责。而且，我们做的不仅仅是瓷器，我们需要引领市场、引领消费者。现在社会变化太快了，又是元宇宙，又是物联网，又是高科技，都需要行业的融入。所以，我们不但要时尚，还要有文化，要高科技，更要与时俱进。我们永远不能停止学习和进步。"

"那你打算如何提升自己的能力来应对市场的变化？"我不禁好奇。

"我会跟不同的行业学习。我们对标的是华为和腾讯。华为是手机领域的标杆，腾讯是游戏领域的翘楚。我希望国瓷永丰源在陶瓷领域是佼佼者，是行业标准制定者。其实，中国人要能制定行业标准，才能让这个行业走向国际。我们的使命是让中国陶瓷做到世界第一，让更多人来了解中国陶瓷。"说到这段话时，他两眼发光。

"我希望我能不辜负大家的付出，不辜负所有客户对我们的支持，我希望自己能完成他们的梦想，能让我们变得更有价值。"

东豪的人生充满着意义。他说他父亲其实是一个富二代，在年轻的时候就有很多很多钱，可是有钱，却得不到社会的尊重。于是，他父亲决定继承父业，把他们家传的非物质文化遗产保留下来，即便牺牲掉一条街的物业，也在所不辞。中华民族的传承，说到底是文化的传承。东豪家族的使命就是把国瓷永丰源的文化力量传播开来，让全世界在欣赏具有温度和爱的瓷器时，感受到中国的强大和中国发展的力量。

现在是人民有信仰，国家有力量，民族有希望，而东豪用自己的行动在践行着：团队有信仰，企业有力量，国瓷永丰源将更有希望！

扎根潮牌，帅哥长得帅活得帅
人被淘汰只因跟不上时代

奋斗方向： 高水平的勤奋靠选择

奋斗档案： 周才

年　　龄： 33岁

专业领域： 时尚行业

求学背景： 英国纽卡斯尔大学（市场营销学士）→英国诺丁汉大学（创业项目管理硕士）

归国时间： 2012年

履历简介： 2010年毕业于英国纽卡斯尔大学大学市场营销专业，大学期间曾担任伦敦奥运会志愿者代表。2012年硕士研究生毕业于英国诺丁汉大学，回国后加入家族企业，从底层开始做起，经过几年的摸索，逐步熟悉腕表零售业的业态，从渠道结构、经销体系，到品牌策略和产品布局。于2014年独立组建电商团队；2018年带领品牌取得社交电商腕表行业第一名；2021年，在直播电商行业同样抓住风口，创造了行业的奇迹：单日销售额破4个亿。

血液里流淌着"上进"的基因

一个人的时间和精力，是他的兵力；一个人的智商和情商，是他的火力。周才就是一个兵力很猛、火力十足的人。话说智商高不一定吃苦，但情商高一定是因为吃过很多苦。周才给我的印象就是帅气、儒雅，以及高情商。

他的高情商从他的行为模式中，体现无遗。第一次见到他，我对他的印象就很好。他会处处照顾你的感受，第一次见面还会给你准备伴手礼，总之就是那种很会考虑别人感受、并且很会照顾人的人。与他相处，会觉得很舒服。周才长得很帅，是那种骨子里透出来坚韧的帅。这种坚韧，是他骨子里的上进和血液里"做生意的基因"成就的。

周才是浙江温州人，小的时候在温州长大，高中准备出国。我问他出国的原因，他说是机缘巧合，可能是因为英语实在太差了。那个时候，他姐姐准备出国，于是妈妈问周才："你要不要也出国？"他就这么阴差阳错去了英国。

在国外待的五年大大开阔了周才的眼界。虽然刚到英国的时候，他的英语水平几乎垫底，但是这个血液里流淌着"上进"基因的中国小伙，不到三个月，英语水平就赶上来了，口语也变得很流利。周才告诉我，他提升英语水平的方法很简单，就是刻意地去找老外聊天，和老外一起吃一起住，一起去教堂做礼拜。久而久之，自己的英语水平就提高了。

那个时候在英国，为了赚外快，他也端盘子洗碗。当时正逢伦敦奥运会，他还跑去当志愿者。英国的生活，对于周才来说，非常地丰富和值得怀念。

2012年底，周才回国了。如果说其他海归是意气风发、带着梦想回来改变世界的话，周才回归时却垂头丧气。因为他很纠结，自己未来到底要做什么。他本来想去大企业锻炼一下，可是父母希望他回到家族企业，能帮助家人，分担责任。于是，他加入了格雅集团，这是一家经营了30年的中国民族手表企业。

回到家族企业，周才并没有风生水起，也没有居于高位，而是从底层做起，做策划，做营销，什么都做。那个时候的他，迷茫且不知所措，人生的发展没有一个具体的方向，好像什么都在学，什么都在做,那到底自己适合做什么?他不知道,很迷茫。

回到家族企业,看到前辈们工作起来如鱼得水,自己却无所适从,他非常没有成就感。这样的状态,持续了两年。这两年,他不知道自己想要什么。

当时,周才甚至想去大企业找工作,还给阿里巴巴投了简历,面试了四轮,最后还是放弃了。其实,他当时也是抱着试一试的心态。有朋友跟他说:"周才,你要去见见世面,看看大企业。"没有看过其他企业是什么样的,内心可能会有些遗憾。

总之,他内心各种纠结,对未来充满了不确定。他用一首诗来形容当时的心情:回望来时路,几多风雨,踮脚张望归处,茫然不知所措。

好运的背后积累着人品和格局

勤奋也是有境界的,低水平的勤奋靠努力,中等水平的勤奋靠方法论,高水平的勤奋靠选择。周才很勤奋,他的勤奋属于高水平的勤奋。要么不做,要么就做到行业第一。全神贯注,有的放矢,百发百中。

周才告诉我,他是一个非常幸运的人。他在和我聊天时,时不时地告诉我,他目前拥有的一切都基于他的运气。

2014年,电商突起,周才想进入电商领域。刚刚入行,他就找到了点感觉,于是就组建了电商团队。他带着团队从零开始,摸爬滚打,不知不觉,竟然在社交电商做到行业销售第一的奇迹。

"那是怎样一个故事?你是如何做到行业销售第一的?"一分钟卖一万只手表,这样的销售记录应该很难被超越。我很好奇他是怎么做到的。

"社交电商在那个时候是一个风口。当时有个社交平台叫作斑马,我有一个朋友跳槽去了斑马,他联系我,说他们要做一个活动，需要投入50万－60万元，但是可以帮我们做推广。我当时对这个平台完全不熟悉，纯粹是因为相信这个人，也想支持他一下，于是答应了与他合作。我并不知道这个平台的销量这么好，影响力这么大。我们产品第一次上线，一分钟就卖了一万只手表。当时我以为是后台出问题了、系统宕机了，结果检查了一下才发现是真的卖光了。我觉得我很幸运。"周才告诉我，他因为对朋友的信任，选择先投入市场营销费。

后来第二个月，两分钟卖了两万只手表。第三个月，五分钟卖了三万只手表。周才创造了公司销售的奇迹。

除了社交电商，周才还抓住了直播的风口。直播在那几年一直很火，周才创造了直播行业手表销量第一的奇迹，一天十二个小时，创造了四个多亿元的销售额。当天一共卖出了80万只手表，用了差不多一个月的时间才把所有的货物发完。小伙伴们为了完成任务，几乎是不眠不休地去配货，大家齐心协力、万众一心，一单都没有延迟，创造了直播史上的奇迹。

其实，淘汰你的，从来不是你的竞争对手，而是你落后于时代的观念。周才一次又一次地踩中风口，并能借助风口腾飞。他告诉我这是因为运气，其实，运气总是青睐有准备的人，运气总是青睐人品好的人。所有的好运，其实都是人品爆棚的体现。

周才说，他觉得自己幸运的另外一方面，是得到了家族的信任。股东信任他，父母信任他，舅舅信任他。他要用自己的成绩去告诉大家，大家的信任是对的，他没有辜负大家的期待。

很多人都说，想成功真的太难了。其实，成功的路上并不拥挤，因为大多数人选择了安逸。周才是一个骨子里都在努力上进的人，他的努力上进和时代紧紧地绑在了一起。

聪明地用功，合理地利用趋势，是在这个时代科学地改变运气的技术。周才就是那个很会利用趋势、掌握趋势的人。而当你把握了风口，猪可能都会飞，这是真的。

让年轻人为国潮品牌而自豪

"你热爱这个行业吗？"我问他。

"我觉得更多的是一种责任。我不排斥这个行业，但我也没有很热爱。"周才真诚地告诉我。

"我要把它做好，这是我的使命。我很庆幸我选择了电商这条路，让我能够独立自主地开创自己的事业，如果我还是像以前一样，选择线下这么传统的模式，可能就不会有那几次奇迹。传统的模式，永远在别人的屋檐下。可是，通过电商的转变，我们能够焕然一新，找到一条新的出路，实现新的成就。"周才告诉我，虽然他才启动电商事业不久，但是电商事业的营业额已经占公司销售额的40%左右，算是很高的比重了。

聊了很久，我发现这位男生全身都是闪光点。"你有什么缺点吗？"我很好奇。

"缺点可能在性格上，就是魄力不够。"他笑了笑告诉我，我知道是他太谦虚了。

"我的愿景就是把格雅做成中国的民族国潮品牌。比如说，你买鞋子你会想到鸿星尔克或者安踏；你买电动车的时候，会想到小鹏、蔚来、比亚迪；你买手机的时候，会想到华为、OPPO。我希望大家买国产手表的时候，能想到格雅。在手表行业，大家觉得做得最好的是瑞士、日本的品牌。我希望我们也有自己的国产手表品牌。格雅就好像是中国的李宁、中国的华为，我希望它是一个很有设计感的民族品牌。"

"外国人能做好，我们中国人一样能做好，甚至能做得更好。未来，希望更多的中国人都用我们自己的品牌手表，希望大家都能以格雅为豪。"周才满怀信心地告诉我。

第四章　进击不断

"这个愿望多久能实现呢？"我笑着看着他。

"大概四五年后吧。"他想了想告诉我。

周才反复说他是一个运气很好的人，他现在所有的成就都基于他的运气。我问他："有没有想过为什么你的运气这么好？"

"我自己觉得是人缘好吧。我人比较正，不做亏心事。同时，我也比较上进、比较勤奋，很多机会都是我自己争取来的。比如当时做直播的时候，我就非常拼命。不但我拼，我还带着团队一起拼，大家同心协力，特别奋进。小伙伴们都说我很好相处，可能我性格好，也是运气好的原因吧。"他腼腆地笑着告诉我。

人生，总有不期而遇的惊喜和生生不息的希望。好运的背后，都是人品的积累和厚德的体现。只有紧紧地跟着时代的步伐，幸运之神才能一直跟着你，这就是我对周才的幸运的理解。

对宏观的斗转星移充满好奇
做微观的生物科技脚踏实地

奋斗方向：做出一个能带动科技突破的创新品牌
奋斗档案：张子萌
年　　龄：32岁
专业领域：信息工程
求学背景：北京理工大学（工学、经济学双学士学位）→剑桥大学（工程系全奖博士）
归国时间：2016年

履历简介：求学期间曾任第32届剑桥大学学联主席，回国加入10亿美金估值的独角兽生物数据公司。工作4年后自主创业，公司已获嘉程资本（Next Capital）、因赛投资（控股A股300781）、剑桥生物投资。曾获评亚太经合组织（APEC）创变者，入选胡润under30s创业者榜单。全菌种益生菌的开创者，产品曾获Vlab创新品牌奖，曾获日内瓦国际发明奖。公司专注于益生菌菌种配比与功效性研究、肠道菌群与人体健康研究，并提供益生菌产品及应用的解决方案。打破欧美、日本公司的长期垄断，填补菌种采集、筛选、配伍与功能性验证的国内空白。目前公司已申请完全自有专利23项、合作授权专利288项、国际专利15项、国家软件著作权17项。凭借高通量筛选的算法优势，结合陆地与海洋资源，开发出更多活性产品。

一个高颜值的技术极客

在一次政府会议上，我认识了一位优秀的剑桥海归企业家，一见面，我就被震惊了。我本来以为的剑桥海归博士应该是文质彬彬，书生气十足，戴副大眼镜，甚至不善言辞的。可是我眼前的这位剑桥博士，却是一位年轻帅气的90后。我觉得以他的这身配置，不应该去创业，应该进军娱乐圈。

子萌在北方长大，后来去了英国念书，从硕士读到博士，一路奖学金开绿灯。如果只从他外表来看，很难理解他为什么选择要去做一家技术驱动的创新公司而不是"靠颜值吃饭"。他自己也说，凭他的名校光环、丰富的经历以及不错的外表，如果选择去做个网红，可能事业上的成功会来得快很多。但是他却更想选择难而正确的事情。

"我一直都非常看好科技赛道，因为之前一直在做生物信息，对于大健康产业了解比较深入，我发现真的是大有可为。"一个人的健康，是可以通过描述基因、免疫细胞的改变，以及肠道菌群的变化等而发生变化的。"我从剑桥回来之后做了四年宏基因组数据方面的工作，但是当时我发现纯技术型的公司往往脱离群众的认知，要承担巨大的市场教育成本，在市场上很难有所成就。消费者连益生菌的作用还不清楚，你跟他们讲要给他测肠道宏基因组定制益生菌，推广起来很难。而且，就像吸烟有害健康，并不是说一个人抽一个月的烟就不行了，那是一个缓慢的过程。同样地，益生菌有益健康也不是说吃了一次就能返老还童，而是需要一定时间构建信任的。所以，直接推广一个广大消费者不知道的技术，是非常难的。结合之前的商业洞察，我想做一个既能诞生品牌、又能实现科技突破的赛道，即能有爆款产品、又能有科技含金量的事业。其实这样的事业是不多的。大健康一直是公认的好赛道，产品也有很多，比如人参、燕窝，比如NMN、免疫球蛋白。但是它们都是单一成分，科技上能产生的突破和创新有限。益生菌研发本身对于人类而言就是一个有益的事业，既有消费属性又能在科技上有所突破，所以我选择了这个赛道。种善因，得善果。"

子萌是然益多Nature Benefit（NB）的创始人。在淘宝上搜索"NB益生菌"不难发现这是一款在市场上非常受欢迎的爆款益生菌。他们推出的"全菌种益生菌"解决了共生发酵的拮抗问题，至今国内没有同行产品可以匹敌，产品打破了丹麦和挪威的垄断，为调节国人微生态健康作出了巨大贡献。同时他们也是国内首家实现"兆亿"级益生菌量产的品牌，而在然益多诞生之前，在网络上搜索"兆亿"级益生菌只会出现日本的品牌。其实，如果不是他详细地介绍，我压根想不到一款简简单单、普普通通的益生菌，竟然有这么大的科技含量。

"你觉得你是一个技术型的人还是一个营销型的人？"刚认识子萌的时候，我觉得他沉默寡言，比较"高冷"，话比较少。直到有一次跟他吃饭，说起了他的益生菌产品，我发现他好像换了一个人，从配方到功能，从性价比到同类产品的异同，他侃侃而谈，我发现了一个截然不同的他，仿佛天生带有感染力和影响力。那次他介绍完，不出五分钟，在场的小伙伴就在淘宝京东唰唰唰下单。我真想给他颁发一个销售冠军的奖杯。

"技术和营销都不是特别准确，我更倾向于说自己是一个产品型的人，我更希望做一个合格的产品经理。"子萌告诉我，他热爱研究产品，发现新技术，并且把这些技术应用于实际。比起营销大师，他更敬佩研发出新产品、改变世界的人。

情绪稳定是双刃剑

我最喜欢的一本兵书是《孙子兵法》。之前在研读《孙子兵法》的时候，我发现书中表达的观点是，军人在战场上不应畏惧死亡，应畏惧的是对生命价值的漠视。军人不但要淡定自若，还要善于管理自己的恐惧情绪。不善于管理恐惧情绪的人，惊慌失措；而善于管理恐惧和情绪的人，镇定自若，每每都能化险为夷。我觉得，一个能管理自己情绪的人，一定能成就一番事业。子萌告诉我，他就是一个钝感很强的人，不容易受情绪影响。只是，任何事情都有利有弊，太善于管理自己的情绪，也不见得完全是一件好事。

子萌是一个理性的人，对自己的情绪把控非常好，正因为他平时没什么情绪，天塌下来，还能笑呵呵的，该干嘛干嘛，所以在他看来，世界上就没有什么大事，并且，他认为别人也是这样想的。曾经就有员工对他说，他不懂得照顾下属的情绪，这一点对子萌来说难以理解。但是创业不同于打工，创业的成功，在于团队的成功。要想取得团队的成功，在企业起初吸引力不够的时期，领导者必须照顾团队每个人的情绪。情绪有如此大的影响力，这是子萌未曾想象得到的。

曾经有一次，子萌开车载着投资人在地下车库准备出发，因为装载得比较满，车碰到了停车场的桩位。车上的人都感受到了撞击，虽然感觉不严重，但投资人没想到的是，他连看都没有看，径直开车走了。"你也不下去看看啊？"投资人惊讶地问。子萌笑了笑回答："这有什么好看的，撞了就撞了，下去看也改变不了什么，还不如早点出发早点到家，等到了以后再说，哈哈。"说完就笑呵呵地开着车继续行驶着。

"你难道不心疼吗？"我好奇地问，我想如果是我，肯定会下车检查一下。

"心疼也没有什么用，也解决不了任何问题。当时比较晚了，大家都想早点回去休息。所以，还是把主线任务处理完最要紧。"子萌不慌不忙地说。

正因为他自己的情绪管理得太好了，遇到问题总是不动声色，并且不太表达自己，也不会感同身受，他和同事、合伙人、投资人之间偶尔会产生误会；又或者，有些本来可以表达清楚的问题，他却没有去解释，从而引起误会。这让子萌感到很困扰。

子萌告诉我，因为自己的情绪太稳定，所以他其实不太理解周围的人为什么会情绪波动。在他没有创业前，身边的人都是朋友和家人，大家比较理解他。可是创业之后，他要面对的可不仅仅是家人朋友，还要面对全社会。这个时候，你不但需要理解自己，你更需要理解别人，否则就无法与人进行沟通。而正确合理的沟通，能让创业变得更有生命力和持续力。

他开始反思。他觉得他太过关注事情本身，而太少关注别人的情绪。而这样的状态，在管理人上，会让他遇到各种阻碍。他回想起来，之前在自己身上发生的一些冲突，说白了，就是他忽略了情绪的重要性。其实，理解别人的情绪，比逻辑分析更加重要。这也是子萌创业以后摸索出来的道理，也是他目前在践行的课题。

"我觉得很多事都是小事，可是在别人看来，不一定是小事。"子萌笑了笑对我说。"我心即宇宙、宇宙即我心"这句话是很有道理的，"你可以共情的范围和能力，其实就是你能影响的人的范围，你跟全世界同频共情，其实全世界就是你，你就是全世界，你的能量自然会很大。"

除了情绪管理是把双刃剑，其实拿到投资也是有利又有弊。刚刚创业的子萌，就拿到了投资人的天使资金。这让他觉得融资太简单了，同时对市场的预期过于乐观，对自己过于自信，殊不知这里面很多都是运气的成分。可是一个人不可能永远运气好，运气也有被用完的那一天。这个时候，就开始考验你的能力和实力。当运气减半、进入实战的时候，子萌发现，真实的创业生活才刚刚开始。当资金不顺利的时候，销售仿佛也遇到了问题，团队士气也受到了影响。这个时候,他突然发现,原来创业是一件很艰难的事。

"在创业的过程中,你有75%的时间都在调整自己,处理各种问题,以及到处救火。对于大多数普通人来说,创业是非常艰辛的。我去年把自己的签名都改了:创业是给全世界打工。大家都在提供自己的价值,完成自己的使命。"这句话应该是子萌的肺腑之言。

在人生这条路上,容易的事情大多数都是陷阱。捷径是这个世界上最难走的路。没有轻轻松松的成功,只有脚踏实地的前行。其实,不断迭代,不断试错,本来就是生活该有的常态。

对未知世界充满好奇心

人生很可能没有意义,但是,探索未知的世界,对子萌来说,却很有意义。子萌虽然是一个理性思维很强的人,但又是一个浪漫的理想主义者。他喜欢研究一些虚无缥缈的东西。

我和他一起学习中国传统文化,学到《易经》的时候,我已经发现了他具有顽强的探索精神。别人都是先学完、背完所有的知识点,才向老师提问题。子萌的做法非常奇特,还没有学完第一堂课,他已经开始研究《易经》的起源、《易经》的来龙去脉、《易经》的分类、《易经》的真伪。学霸的素质,在课堂上以及课后表露无遗。他还时不时发各种网络上探讨《易经》的视频与我分享,并且搜索国外关于 Book of Change 的资料和观点。他并不会完全听信某一本教材或是某一个老师,他会旁征博引,迅速查阅各方资料来验证某个理论。

他说他喜欢研究宇宙、研究真理、研究元宇宙、研究历史。从宇宙的起源、地球的发展,到人类的进步,越是研究这些东西,他越觉得自己渺小,也就更加觉得身边发生的事儿,都不是什么大事儿。

"你打算一辈子做然益多益生菌吗？"我很好奇。

"当下我会非常专注做现在的事情，把团队带上轨道，让公司的业务流转更成熟。以后，在公司体系成熟之后，在我能力增强之后，我希望继续尝试其他可以产生科技突破的事情。我会持续关注有关科技创新和市场潜力的新事物，也会去研究给社会带来正向价值的东西。我觉得像Musk一样忙碌是很幸福的，我并不羡慕他的财富，而是钦佩他创造的几项事业。我希望自己未来能在这些领域有所突破。财富是一个结果，如果你创造出了足够有价值的东西，你绝对不会因为财富而焦虑，那只是一个数字。"子萌耐心地回答我，"而且，其实我在做的不仅仅是益生菌、肠道和其他生物数据的测序与解读，如何将这些数据与区块链技术结合来避免伦理问题和知情同意问题，也是我们正在探索的方向。如果把然益多Nature Benefit看作一个符号，那么其实它不仅仅是益生菌，它更是一个健康品牌，同时涵盖了数据科学、生命科学与Web3.0的技术。我相信在扎扎实实的探索过程中，我们也会逐渐发现新的机会。人要活到老学到老，业务也一样要保持新陈代谢。"

子萌说，他对未来充满了期待。如果没有好奇心和纯粹的求知欲，那些对人类和社会具有巨大价值的发明创造可能就无法产生。充满好奇心的人，身上会散发一种生命力，而这种生命力非常吸引人。他的身上散发着一种光，一种探索之光、一种生命之光，还有一种冉冉升起的希望之光。

大厂腾讯"女主",一路开挂不躺平
好运气是策划出来的?

奋斗方向: 找到归属感

奋斗档案: 王钰彤

年　　龄: 26岁

求学背景: 美国哥伦比亚大学(交换)→香港科技大学商学院(全球运营专业硕士)

归国时间: 2019年

履历简介: 毕业后加入腾讯公司总部海外招聘团队。主要从事海外校园招聘工作,帮助更多求职的留学生找寻最合适自己的机会。与海外各大高校的就业中心、留学生都建立了良好的信任关系,曾与3000+留学生有过深度的交流与沟通,通过自己的专业能力,为腾讯公司找寻最优秀的留学生,为留学生找到最能展现自己的舞台,创造无限可能。

被人羡慕的"深二代"

松下先生选择人的标准是:这个人运气好不好,这个人是不是受欢迎?钰彤就是我认识的女孩中运气好又受欢迎的类型。为什么说她运气好?90后年轻海归,美国交换生,香港研究生,在腾讯海外校园招聘和校企合作部门工作,她是妥妥的优秀大女主。

优秀就算了,她还很受欢迎。前段时间我和腾讯的某HR负责人说,我想采访一位腾讯的海归,我希望是一个有特点并且非常优秀还有故事的人。腾讯的HR用了一周的时间在系统内搜索，最终推荐了钰彤。她说钰彤是综合实力和个人表现最优秀的人，希望我能跟她聊聊。领导很看好她，将她强烈推荐给我。于是，我就见了见这位运气好又受欢迎的姑娘。

钰彤是妥妥的"深二代"，小学就读于景秀小学，初中在福田外国语学校，高中在深圳外国语学校，本科保送去了西安交大外语系，之后又去了美国哥伦比亚做交换生。本科毕业后，她去了香港科技大学商学院攻读研究生，之后就加入了腾讯。

作为1996年出生的"深二代"海归，钰彤被人羡慕着，可是她自己却浑然不知。钰彤说自己在读大学以前，身边全是"深二代"，大家都是在深圳长大的孩子，生活经历和成长背景都差不多，并没有觉得自己有什么特别，觉得自己就是广大世界中渺小的一员。可是自从加入了腾讯之后，钰彤就发现，身边的同事几乎都是外地过来的，"深二代"变得相当少。时不时有同事会和钰彤说，他们很羡慕钰彤，因为钰彤的家在深圳。还有的同事觉得，"深二代"不需要考虑住房问题，在深圳的生活压力没有那么大；同时，对深圳这个城市又很熟悉，想去哪就去哪，哪哪都熟都认识；日常出行方式是驾车，也不需要挤地铁、赶公交什么的。总之，钰彤是被身边人羡慕的"深二代"。

我问钰彤："那你以前的小学同学、中学同学，现在都去哪儿了？"

"有的在银行，有的在国企央企，还有的去互联网公司，但是去互联网公司的比较少。"钰彤告诉我。

钰彤四岁就随父母来了深圳，她说感觉深圳的变化太大了。小的时候，自己活动的范围都在福田，当时深圳经济发展最好的地方就是罗湖和福田；她根本不会去南山和宝安，感觉那里就已经离市中心区很远了。可是现在，南山已经独占鳌头，是深圳经济发展的新地标。这些，都是小时候的钰彤不敢想象的。

腾讯让我很有归属感

钰彤告诉我，在腾讯的工作是非常有挑战性的。虽然她属于内勤岗，但是她的工作范围也会经常有变化，并不是一成不变的。比如说她刚开始负责海外校园招聘的工作，在某个项目过程中负责运营。当她成为项目经理之后，领导又安排她去做新的项目。在腾讯就需要有变化思维，因为你的工作内容时时刻刻都在变，你也不知道下一刻你需要做什么新项目，要保持这种随时变化的心态。

"不过我自己也很喜欢工作上的不断变化。我喜欢挑战和新鲜。如果工作是一成不变的，我可能也会感觉有些疲软。"她笑了笑告诉我。

"你喜欢在腾讯工作吗？"我很好奇。

"我很喜欢，这种喜欢来自于我对工作内容的喜爱、领导和同事对我的认可，同时，腾讯有一种家文化。大家都像朋友一样相处，你跟不同的团队协同，大家都会互相支持和配合你。在腾讯，只要你需要我协助，我都会帮助你。"她言语中都是对腾讯的热爱。

钰彤给我讲了一个故事。2020年疫情刚刚发生时，腾讯已经录取了好多海外实习生。因为疫情，很多在海外的学生均不能回国线下实习。但是，在海外远程实习又有一定的风险。如果拒绝这些学生，将对他们造成非常大的打击，要知道，能入职腾讯，是很多海外留学生的梦想。最后，腾讯各层面的领导都出面，加班几个周末，经过再三的考虑和斟酌，最终找到了一个折中的方案，帮这些学生们合理地安排工作时间并保证顺利入职。腾讯的思维永远是用户第一、客户至上，绝对不会一刀切。腾讯是一家有爱的企业。

钰彤告诉我，这就是腾讯的企业文化，总是以用户为本。

腾讯企业的人性化我也是有所耳闻的。记得我第一次去腾讯开会，简直大吃一惊。记得那是一个周一的上午，我在腾讯公司楼下等电梯，本来以为来腾讯上班的员工们，应该都是西装革履，就算不西装笔挺，最起码要着装商务吧，而且那是个周一的上午。一转头，我竟然看到两个年轻人穿着黑白色宽松的大褂从我身边飘过。我当时蒙圈了：这是在拍电影吗？还是我穿越了？

钰彤笑了笑告诉我，在腾讯工作是很自由的，你想怎么穿都可以，还有穿汉服、cosplay服装上班的，都见怪不怪了。而且，公司不限制你的上班打卡时间，你想八点上班也行，十点上班也行，中午还有两个小时的自由休息时间。在腾讯，早餐晚餐都是免费的，而且还很丰盛。平时员工上班还有班车，腾讯的班车系统堪比一个二线城市的公交车体系，非常地完善。如果你加班到晚上十点后，公司还报销你的车费。

这就是腾讯，钰彤说，腾讯让她很有归属感。

我的快乐我做主

在未来的世界，拼的不是你比别人拥有更多的金钱，而是拼你拥有怎样的生活、怎样的心态。对于钰彤来说，赚多少钱、有多成功，并不是衡量人生的标准。她的衡量标准是：工作能否实现个人价值，能否成就自己成就他人，以及工作得开不开心。

其实我最近遇到一个困扰，我问钰彤："我身边很多96后、98后、00后的海归，他们好像没有价值观，每次过来面试都问公司能开给他们什么条件，而不去问自己拥有什么技能。你会遇到这样的情况吗？"

钰彤告诉我，她在面试海归的时候，也会遇到很多这样的情况。现在很多00后海归不知道自己想要什么，也有很多人选择躺平。但是他们躺平也是有理由的。因为对00后海归来说，快乐是第一位的。有的人觉得工作很快乐，比如钰彤；也有的人觉得躺平很快乐。00后海归，不在意自己赚多少钱，因为他们几乎没有吃过什么苦，他们更加在意的是如何让自己开心，以及在这里工作能不能让自己开心。

"那你为什么没有选择躺平？"钰彤是"深二代"，父亲创业做生意，家庭条件很优渥，而且在深圳有车有房，完全没有生活的压力，那为什么还如此努力地奋斗拼搏呢？

"首先，我觉得可能是家庭的教育给我带来的影响。我父亲也是做企业的，有一次我回到家跟父亲说我好累啊。父亲就说：你这算什么，才刚开始工作就说累。那我们创业这么多年，不知道熬过多少个周末和夜晚了。"钰彤才突然醒悟，其实，自己吃的这点苦，比起父辈的艰苦奋斗，真的不算什么。

"其次就是工作上的认可、那种成就感。当我完成一个项目时，切身感受到自己的成长和周围同事的认可，这带给我继续努力的动力。其实工作了三年以后，才发现自己以前真的很幼稚。刚进来的时候，我自信心爆棚，觉得自己逻辑思维和做事情的章法都具备了。可是真正做的时候，却发现自己太稚嫩了。我现在看自己以前做的项目规划和汇报材料，觉得很差。"她笑了笑跟我说。

"是不是很多海归都想加入腾讯？"每次举办海归招聘会的时候，腾讯展位前都大排长龙。

"很多海归想加入大厂，不仅仅是因为大厂薪资福利好，更重要的是有人带着你成长。不过腾讯的培养计划真的很好。我在刚刚校招进来的时候，就封闭培训一周。我们被安排在大梅沙海边上课。对我们这些刚毕业的学生来说，这是一次很好的训练和培养，我们可以很快地进入工作状态。所以，海外的留学生们千万不要错过校招的机会。"钰彤真诚地说。

　　现在的小海归更加在乎自己的内心，工作就是为了自己的开心。不论身处何方，都要向下扎根，向上开花。不负生活，不负自己，就是幸福快乐的人生。

留美十年，毅然奔赴大湾区
为心脑血管精准诊疗提供最优解

奋斗方向：革新心脑血管的智能精准诊疗

奋斗档案：郑凌霄

年　　龄：38岁

专业领域：AI数字化精准诊疗领域

求学背景：北京航空航天大学学士→美国约翰斯·霍普金斯大学博士学位→美国约翰斯·霍普金斯大学MBA学位

归国时间：2017年

履历简介：曾任达索系统技术销售专家及博郡汽车仿真部门总监，2017年回国后直赴深圳大湾区，作为孔雀计划人才创立了深圳睿心智能医疗科技有限公司。其间，带领海内外硕博团队用3年时间完成其时尚属国内空白的创新医疗产品的研发和认证工作，准确率等指标均为全球最高。带领睿心医疗4年内完成至C轮的近10亿元人民币的融资。多次入围人工智能医学影像Top10企业榜、中国数字医疗企业百强榜医疗AI企业Top20等多个行业权威榜单，并获国家高新技术企业认证。带领团队继续强化自身优势，推出了全球首个诊疗一体化血管介入手术机器人平台。带领团队与中科院、复旦大学附属中山医院、北京大学人民医院等多个顶级科研机构及知名三甲医院达成10+个国家级课题。

坚持梦想，不忘初心

2021年深圳国际人才交流大会开幕之际，我们负责筹建海归馆。有一家企业特别引人注目，每次市领导来考察，留学生创业大厦的刘主任都会着重介绍它——深圳睿心智能医疗科技有限公司（以下简称"睿心医疗"）。

睿心医疗是一家致力于心脑血管精准诊疗的智能医疗科技公司、国家高新技术企业。成立近5年，公司已先后获国投招商、腾讯、经纬、华创、国科嘉和等头部投资机构的近10亿资金支持。

目前睿心医疗已部署无创冠脉供血功能评估平台——"睿心分数"（RuiXin-FFR）和全自动冠脉智能后处理平台——"睿心智慧脉"（RuiXin Coronary AI），均已相继通过国家药品监督管理局（NMPA）认证，目前与全国800多家三甲医院达成临床应用合作。睿心血管介入手术机器人预计明年完成大规模临床试验。

谈及创立这家企业的最初历程，创始人兼CEO郑凌霄博士提到，在美国约翰斯·霍普金斯大学攻读博士时期，他曾跟随作为国际医疗AI领域知名先驱及机械学院和医学院双聘教授的导师参与诸多项目研究，例如将工程技术融合于医疗器械研发的项目和模拟患病者心脏血流模型等。逐渐地，他对AI医疗影像、数字化诊疗领域愈发关注。2014年底，美国Heart Flow的CT-FFR（无创冠脉血流储备分数测定）产品获得美国食品药品监督管理局（FDA）批准上市。基于对这项技术的多方肯定评估，他毅然决定回国创业，因为中国本土更需要CT-FFR，中国老百姓更需要一种无创的、更加精准的、更高效的冠状动脉血管供血功能评估技术。这将为中国心血管疾病的临床诊疗路径带来极具价值的革新。

郑博士分享了一组数据：中国心血管病现患人数超过3.3亿，冠心病引起的死亡率从2002年每10万人死亡27—39人，到2018年每10万人死亡120—128人，死亡率增长达270%以上，而心脑血管疾病死亡人数占总死亡人数的40%。

据了解，FFR（冠状动脉血流储备分数）是反映供血功能的重要指标，能够对缺血情况做出更准确高效的评估，目前已被公认为是评判冠脉狭窄是否引起功能性缺血的金标准。基于AI和仿真技术的发展，CT-FFR作为一种全新的非侵入性的评估体系在心血管病医疗临床上得到了广泛的关注。

睿心医疗研发推出的睿心分数目前是全球精准度最高的CT-FFR产品，准确率达92%，特异性达90%，敏感性达95%。

郑博士举例解释道："比如说一位患者，除了CTA的形态学判断，可能需要通过有创冠脉造影手术做进一步评估。然而，做冠脉造影意味着需要住院、上手术台，存在一定的风险，有X射线辐射危害。而使用睿心分数可以在门诊阶段结合CTA的图像数据，即可全自动、精准实现对患者冠脉血管实际缺血情况的评估。最重要的是，无创，且价格仅为需在有创冠脉造影指导下完成的FFR导丝测量的1/3。也就是说，很多人在犹豫做还是不做冠脉造影的时候，可以使用睿心分数的无创精准评估，有问题就做，没问题就不做。"

有数据表明，约65%的伴有血管形态狭窄的患者其实并没有功能性缺血，也就是说，这些患者完全可以免做冠脉造影手术。据悉，2018年我国开展介入冠脉造影大概300万—400万例，但其中绝大部分可归为无效的冠脉造影检查。另外，还有20%—40%的冠心病临界病变患者因缺少心肌缺血评估出现漏诊情况，事实上他们迫切需要在冠脉造影的指导下置入支架进行介入治疗。睿心分数被临床使用，可有效降低漏诊及误诊率。

郑博士又分享了一个真实案例：有一个患者三条血管均存在堵塞病变，CTA报告显示，一根血管堵塞超80%，另外两根血管的堵塞情况为50%。医生认为这样的情况吃药治疗即可。可经睿心分数评估后，该患者的三根血管都存在较严重的缺血问题，由此建议三条血管均应尽快置入支架。可是，这位患者侥幸认为只有一根是最严重的，所以只放一个支架就好了。所以一开始，医生遵循患者意愿，只放了一个支架在最严重的那条血管里面。但没过多久，这位患者症状并未缓解，再次住院。于是，医生根据睿心分数的判断，在另外两根血管内也都进行了支架手术，患者顺利康复出院。

2021年4月，睿心分数通过国家食品药品监督管理总局创新三类医疗器械认证。同年9月，另一款重磅产品——睿心智慧脉也拿到上市准入资格。3个月后，睿心医疗在第21届高新技术博览会上正式官宣：推出全国首个心脑一体化血管介入手术机器人，正式形成软硬件一体化的产品生态。

"2021年是睿心颇具收获的一年。"我总结道。

郑博士笑笑说："这只是对过去的选择和努力的一个小小验证，以后会更好。事实上，睿心团队的每一个人都怀着一个'空杯'的心态，我们一直在想，如何把产品做得好一点，再好一点，因为哪怕只有0.1%的突破，落在临床庞大的患者基数上，那0.1%乘以100、1000、10000……这个能量是不可预估的。"

提及血管介入手术机器人，郑博士带我来到他们的研发室。一位工程师正在摆弄一个摇杆，一旁另一个桌子上的机器实时同步推出一根细细的导丝。

"这就是支架手术中所要用到的导丝。"郑博士介绍说。

据了解，基于主从端分离结构的睿心血管介入手术机器人已完成十余次动物实验，并已于2022年5月顺利实现全球首例在使用同一台设备、不更换传送装置的情况下，冠脉、肾主动脉和外周三个部位支架手术的同时操作。

一般来说，无论是冠脉造影检查还是支架置入手术，都伴随大量X射线辐射，医生通常需要穿着沉重的铅衣，并长久站立着去完成毫米级的精细化手术。血管介入手术机器人的应用可以帮助医生在辐射最小的情况下更精准高效地完成手术操作。

创业中遇到的困难

"创业四年半,你遇到最大的困难是什么?"

"最大的困难其实是整个医疗产业都在做国产替代。国外发明了一个新的东西,国外临床验证,到国内做试验、市场教育、专家教育。到有了一定的应用之后,国内企业看到这个产品有价值有前景,可能自己也组建团队,到国外挖人。产品完成以后,可能又以低端价位来进入市场,甚至有的还代理国外的品牌。中国医疗刚开始走的都是代理商的路。而对于睿心来讲,我们不管是在技术还是商业推广上,都是在一个创新的阶段。我们的技术全球领先,产品是最好的产品。但是这个产品在国内还在进行市场教育和专家教育。这是一个全新的产品,而医疗领域趋于严谨,导致市场对于临床、新的检测方案的认知相对来说较为保守。所以,这些对我们来说都是非常有挑战性的。我们正在努力去完善自己的体系,包括学术会议、临床指南、入院流程等。睿心医疗是一家初创型企业,可是却要和已成熟的外企竞争,他们可以用海量的资源来做事情,比如说大型检测设备、放疗化疗等。所以,我们面对的压力和挑战也非常大。"郑博士表示。

"那团队目前是如何应对以上挑战的呢?"

"首先,产品质量要过关。其次,我们要搭建一个非常专业的团队,从学术会议、临床研究,到专家共识、临床指南等,用一系列专业化的思路和打法来做这件事情。在技术端和业务端都要引进高端人才。从国外借鉴经验,进而一路实践、一路总结、一路调整,实现探索式发展。"他回答我。

热情和毅力的背后就是价值观和使命感

"当初为什么会选择来深圳?"

"我发现深圳的创业环境和生活环境，包括政府对企业发展的支持和相关利好政策，对于创业公司还是非常有吸引力的。另外就是，深圳的空气质量比较好。"他笑了笑对我说。

"对深圳的创业和生活环境，你打几分？"我看着他。

"八九分吧。我觉得深圳的创业和生活环境在国内来说算是非常好的。其实，我出国之前就没想过要留在国外，我计划在国外学习，增加阅历和见识，最终还是要回国发展。我是一个喜欢提前规划和布局的人。"

最后谈及企业使命，郑博士说道："其实，将来的产品会集智能化、自动化于一身，未来都是人工智能的天下。今后很长一段时间里，中美博弈将会越来越激烈，中国想要继续往上走，靠的就是硬科技的创新，而睿心医疗的使命，就是提升和展现中国本土的医疗科技实力。"

哈佛神学院硕士　最后缘何信了儒

奋斗方向：拥有自己的信仰
奋斗档案：王舒墨
年　　龄：29岁
专业领域：文化传播、社会公益
求学背景：四川大学（哲学学士）→清华大学（哲学硕士）→哈佛大学（神道学硕士）→杜克大学（宗教学博士）
归国时间：2021年

履历简介：17岁起追随孔阳老师学习儒学，以成为儒者、传播儒家文化为己任。现担任北京孔阳国学工作室执行长、广州市孔阳慈善发展中心理事、深圳市关爱行动公益基金会·儒者之家公益基金公益大使。

别人笑我太疯癫，我笑他人看不穿

第一次看到王舒墨简历的时候，我简直惊呆了：清华大学哲学硕士，哈佛大学神道学硕士，杜克大学宗教学博士。他是第一位以儒者身份进入哈佛神道学项目的中国学生。从事海归工作十二年，我也算阅海归无数了。可是这样的履历，我还是第一次见到，只能说，相当震惊。

第一次见舒墨，是在一间简陋的咖啡厅里。他非常儒雅，跟我说了他现在在做的事情，以及他的一些经历。匆匆聊完，走的时候，他对我深深鞠了一躬。就这一个鞠躬，让我对这位1994年出生的海归博士另眼相看。长这么大，第一次有人这么礼貌地对我鞠躬。

舒墨说，他从小就是一个与别人不一样的人。不同于其他人，他并不害怕自己的不一样，同时还非常享受自己的不合群。小的时候，别人喜欢看漫画、玩游戏，可是中学的他，却迷上了京剧。在大家讨论流行音乐的时候，他却自顾自地哼唱着京剧小曲儿。同学们都在看漫画书，他却捧着一本文言文小说。他喜欢诗词歌赋，他热爱古典文学，在外人眼里，舒墨就是那个疯疯癫癫、与众不同的人。

当时的舒墨虽然另类，却是一个喜欢艺术的浪漫的年轻人。高中的他，根本不知道什么是儒学，感觉那是些很古板、很束缚人的东西，直到他遇到了他的恩师，孔阳老师。

跟老师学了三个月，舒墨的变化非常大。舒墨确定，他这辈子的使命就是要推广儒学，儒学是能点亮他生命的精神明灯。舒墨说，很多人自我介绍，都会说"我是医生""我是律师"，可这些真的代表你吗？真正能代表你的，一定是你的信仰。一个有信仰的人，在人群中，必定会闪闪发光。

儒家教我们入世、如何在土地上扎根，所以我们要有礼仪；道家教我们出世、如何在天空中飞翔，所以我们要坚守内心的道。儒家告诉我们的，不是如何安天下，而是如何修自身。舒墨从十七岁开始学习儒学，他一直在践行着自我修行。他说，最高级的教养，是不轻易评价别人的人生。

自从学习儒学以后，他就不再评判别人。你有钱没钱、你从事什么工作、你的身份地位，这些都不能影响我对你的温暖光明。始终做一个温暖的人，是舒墨一直在做的事儿。

哈佛神学院，和你想象中的不一样

很多哲学系的学生，最终的人生诉求，可能是当教授或者当博士生导师。舒墨是保送到清华大学哲学系的高才生。他其实怀有一个梦想，就是学习如何推广儒学。来到了清华大学哲学系，大家都在研究中国哲学、传统文化。所有的研究道路，舒墨都不感兴趣。记得曾经有一门课程是关于明朝中期的税收制度研究，舒墨很苦闷，不禁问自己："我学这个有什么用？这个跟我又有什么关系呢？我未来要如何带领别人走向儒学的温暖光明呢？"

于是，舒墨开始走神。他开始研究全球的神学院。他认为，国际上著名的神学院应该有推广信仰的具体方式。于是，他就上网搜，发现哈佛大学、芝加哥大学以及波士顿大学都有神学院。并且接受不同信仰的中国籍学生。于是，他就申请了。

要去哈佛读书，首先语言得过关。舒墨必须考过GRE，才能顺利走向哈佛。那是他最拼命的三个月，他每天苦读十几个小时英语，总共用了半年时间，终于考过了，并且顺利拿到了哈佛的offer，成为第一位以儒者身份进入哈佛神学院的中国学生。他如愿以偿。

我问他："拿到哈佛offer的那一刻，你激动吗？"

他说："那一刻，我内心很平静。因为这是我自己的选择。我知道我要什么，并且全力以赴为自己想要的而努力。"

对呀，挥别错的才能和对的相逢，比人生的出场顺序更重要的，是你知道自己最想要的是什么。

舒墨说，他这辈子写得最认真的一篇文章，就是写给哈佛的SOP申请文书。虽然才短短一千字，却是对自己的灵魂拷问。他需要说明，他是谁，什么是儒学，他为什么要传播儒学，这件事为什么对他那么重要；以及，他为什么要去读哈佛神学院。

他写了三个月，用英文来了一个完完整整的自我总结和重新审视。舒墨终于走上一条不一样的道路。

我很好奇，哈佛神学院是什么样的一个存在？听起来神神秘秘的。舒墨说，清华哲学系主要以学术研究为主，大家重视的是你的研究、你的立场、你的方法论。也就是说，你真正想要什么不重要，你的论证才重要。可是，在哈佛神学院，你每天都可以非常自在地做自己。每个人见面，第一句话就是："What's your spiritual tradition（你的精神传统是什么）？"

不了解神学院的人，以为这里面的人都神叨叨的，整天讲宗教。其实事实并不是这样。在这里，你可以没有宗教，但你一定要有信仰。

我问他："那你信奉的是儒学，神学院的同学们会不会很好奇？他们可能都没听过这是什么。"

他说："会好奇，但不会特别好奇。在这里，大家接受任何可能。所以，你信什么，大家都不觉得奇怪。"

舒墨告诉我，他那一届，只有两个中国人，一个是推广儒学的他，另外一个是来自四川的出家人咸丰法师。

舒墨说，哈佛神学院的经历，重塑了他，也更加坚定了他毕生推广儒学的信心。在波士顿哈佛神学院读书的日子，舒墨要践行一个项目，就是和导师一起，给无家可归的流浪汉送三明治和袜子。这个项目，要坚持一年。听起来很简单，做起来却非常难。波士顿很冷，在寒冷的冬天，他们要一个地方一个地方地找寻，看到蜷缩在角落的流浪汉，就要过去给他们送食物和衣物。大雪天的，他们要拉着板车，把做好的三明治送给几百个街头流浪汉。每周都要送三次，每次就是半天。舒墨只做了一年的项目，而他的导师，整整做了十年。

记得有一次，舒墨在和导师送物资的路上，一个喝得醉醺醺的流浪汉突然拦住了他们的去路，要求导师给他念经祈祷。然后，导师和流浪汉走到一个角落，给他祈祷，并送给他新鲜的食物。整个过程中，导师表现出一如既往的温暖、包容，眼神中全是支持和爱。

导师过世了，他的葬礼上来了许许多多的流浪汉，大家都很感激他，并且也为他的离去感到悲伤。舒墨说，这样的实践课不是任何一个学术型的学位课程能替代的。

这一年的实践，让他更加懂得了爱与包容，以及跨越信仰的友谊。

"儒学给我带来了很大的改变，深圳也是"

人生其实就两个选择，用脑还是用心。当你考虑得失的时候，就是用脑；当你感受爱的时候，就是用心。跟着感觉走，未来的一切都会美好呈现。

舒墨说，学儒学，很多时候就是要求你跟着自己的感觉走。他足足花了十年，才真正做到这一点。人活在这个世界上，很难真实地活着，即使你不刻意表演，但很多时候你也要看别人的脸色。但儒学却一直教育他，要遵从自己的内心。

2020年初，舒墨收到了杜克大学的录取通知书。那个时候的他，在推广儒学的过程中，遇到了小小的阻碍，因为太多人不知道儒学是什么。他想，那不如干脆去读博士吧，这样可以暂时逃避这个地方，也可以找个借口光明正大地到国外去推广儒学。推广儒学是一件非常艰难的事儿，也不见得只有他一个人在努力吧。

拿到了杜克大学的offer，计划9月入学。舒墨也租好了美国的房子车子，一切安排就绪。就在8月5日，他突然觉得，他在逃避。有一种莫名的召唤在告诉他，他必须留在深圳，继续为深圳做些事儿，继续推广儒学。这是一种非常强烈的召唤，是心灵的召唤、身体的召唤。

于是，他就跟学校申请，延期一年。他希望能在这一年服务深圳、扎根深圳，他要遵从自己的内心。

然而，这一年很快就过去了。舒墨说，他很感谢自己的这个决定。这一年，他有两个很大的成长。首先，他不再惧怕失败了。做事情能超越成败，是儒家核心思想之一。不管事成是不成，都不让你动心。舒墨说，在这一年，他更加在意的是，他有没有尽力，他有没有真实地表现自己。每一天，他都在修炼；每一天，他都在成长。

其次，和人打交道的时候，他也能通过表象，看见对方的温暖，他在人面前始终是真诚的、平静的、打开的、温暖的，不以一种"意必固我"来判断一个人。

深圳其实是一座会育人的城市。舒墨说，这一年的推广，让很多人都认识了儒学，认识是推广的第一步。

深圳给舒墨的改变太大了。他说以前在北京，很多事情不敢做，甚至都不敢想；可是来到了深圳却发现，没有想不到，只有做不到，一切皆有可能。

甚至，在波士顿，他也无法像在深圳一样有灵感。深圳就是一座有灵魂的城市、有创新力的城市，也是改变他基因和让他变得更加幸运的城市。

人生，归根到底追求两件事：快乐和成功。快乐是在爱和被爱的过程中得到的；成功是努力为他人营造价值实现的。

舒墨的使命，就是为这个社会创造价值，让更多的人认识儒学，了解中国传统文化。其实，每个人与生俱来就有一份慈悲心和善心，这个善心可以超越死亡。而儒学，或许是在教我们如何发掘这颗善心，并训练我们去实践它。

第四章　进击不断